LUZ QUE CONSUELA A LOS AFLIGIDOS

Romance Psicografiado por
Sandra Carneiro
Por el Espíritu
Bento José

Traducción al Español:
J.Thomas Saldias, MSc.
Trujillo, Perú, Enero 2024

Título Original en Portugués:
"Luz que consola os aflitos"
© Sandra Carneiro, Julio 2008

World Spiritist Institute
Houston, Texas, USA
E- mail: contact@worldspiritistinstitute.org

Del Traductor

Jesus Thomas Saldias, MSc., nació en Trujillo, Perú.

Desde los años 80's conoció la doctrina espírita gracias a su estadía en Brasil donde tuvo oportunidad de interactuar a través de médiums con el Dr. Napoleón Rodriguez Laureano, quien se convirtió en su mentor y guía espiritual.

Posteriormente se mudó al Estado de Texas, en los Estados Unidos y se graduó en la carrera de Zootecnia en la Universidad de Texas A&M. Obtuvo también su Maestría en Ciencias de Fauna Silvestre siguiendo sus estudios de Doctorado en la misma universidad.

Terminada su carrera académica, estableció la empresa *Global Specialized Consultants LLC* a través de la cual promovió el Uso Sostenible de Recursos Naturales a través de Latino América y luego fue partícipe de la formación del **World Spiritist Institute**, registrado en el Estado de Texas como una ONG sin fines de lucro con la finalidad de promover la divulgación de la doctrina espírita.

Actualmente se encuentra trabajando desde Peru en la traducción de libros de varios médiums y espíritus del portugués al español, habiendo traducido más de 160 títulos así como conduciendo el programa "La Hora de los Espíritus."

De la Médium

Sandra Carneiro, nacida en mayo de 1963, está casada y vive en la ciudad de Atibaia, SP. A los catorce años, y aun sin conocer los principios espíritas, tuvo su primera experiencia con la psicografía, recibiendo un libro infantil

Posteriormente, después de unos años de dedicarse a los estudios de la Doctrina Espírita, tuvo la oportunidad de iniciar el trabajo de la psicografía a través de la novela "Cenizas del Pasado", dictada por el espíritu Lucius, de quien también recibió las obras Renacer de la Esperanza, Exiliados por Amor y Jornada de los Ángeles. Ya en sociedad con el espíritu Bento José, psicografió las novelas Luz que nunca se va y Luz que consuela a los afligidos.

Participa en las actividades del Centro Espírita Casa Cristã da Prece y del Grupo de Asistencia Casa do Pão – entidad destinada a servir a la comunidad necesitada del barrio Maracanã, en Atibaia –, donde colabora con los hermanos de un ideal evolutivo.

Índice

Prefacio 7
Capítulo 1 8
   Primera reunión 8
Capítulo 2 13
   Triste realidad 13
Capítulo 3 22
   Intento frustrado 22
Capítulo 4 30
   A un paso de la verdad 30
Capítulo 5 36
   Alegría y nostalgia 36
Capítulo 6 45
   Incendio salvaje 45
Capítulo 7 51
   Otro intento 51
Capítulo 8 59
   Cuidando a Sergiño 59
Capítulo 9 64
   El Hogar de la Caridad 64
Capítulo 10 72
   Ayuda a las prisas 72
Capítulo 11 79
   Caso sin solución 79
Capítulo 12 85
   La fe que mueve montañas 85
Capítulo 13 89
   Recibiendo ayuda 89

Capítulo 14 96
  En los brazos de doña Aparecida 96
Capítulo 15 104
  Rebeldía 104
Capítulo 16 111
  Revisando el pasado 111
Capítulo 17 118
  Lucha incesante 118
Capítulo 18 124
  Una visita inesperada 124
Capítulo 19 131
  Venciendo el prejuicio 131
Capítulo 20 136
  El camino de la curación 136
Capítulo 21 144
  Dulce reencuentro 144
Capítulo 22 150
  Perseverancia 150
Capítulo 23 159
  Inquietud 159
Capítulo 24 166
  Espera angustiante 166
Capítulo 25 174
  Nuevamente en la corteza 174
Notas adicionales e instrucciones de lectura 178
HOGAR DE LA CARIDAD -
HOSPITAL DEL INCENDIO SALVAJE 195

Prefacio

Es con gran alegría que presentamos este trabajo al lector, que continúa el libro *Luz que nunca se apaga*. Nos alegró comprobar que los jóvenes, nuestra mayor preocupación, se identificaron con la historia de Sergiño. También está feliz de contribuir, a través de sus experiencias, para que otras vidas sean impactadas por las enseñanzas de Jesús, revividas en la Doctrina Espírita. Este amigo, que aun se encuentra en el plano espiritual, ha trabajado incesantemente a favor de los jóvenes de todo el país, combinado con los numerosos equipos dedicados a esta tarea.

Rogamos a Dios que sostenga y bendiga a la juventud brasileña, guiando e iluminando los pasos de quienes son el futuro del corazón del mundo, de la patria del Evangelio.

Mucha paz, hermanos míos.

Bento José

Capítulo 1

Primera reunión

El día amaneció nublado, lloviznando una garúa fina y plana, muy típica de la ciudad de São Paulo. Pauliño tosió sin parar. Jacira se alejó de la estufa y se acercó a su hijo:

- ¿Qué pasa, Pauliño? ¿Tienes gripe? No me dijiste nada ayer...

Tratando de ocultar sus preocupaciones y desviar la atención de su madre, el muchacho respondió:

- No es nada, mamá; Estoy bien... Y solo una tosesita sin importancia...

Jacira lo miró un poco más y luego, al escuchar el llanto del menor, que acababa de despertar, preguntó:

- Entonces levántate; ya vas tarde. Vamos, vete.

Con enorme esfuerzo, Pauliño se sentó en el viejo colchón que le servía de cama, en el pequeño espacio a su lado del dormitorio, sala y cocina a la vez, y allí se quedó tratando de encontrar fuerzas para levantarse.

Su madre todavía lo miraba un poco; sin embargo, pronto se distrajo con sus hijos más pequeños, quienes se despertaron uno por uno: eran siete en total.

Mientras Pauliño, el mayor, de casi nueve años, caminaba tambaleándose hacia el baño, fuera de la casa, dos amigos espirituales de la familia llegaron desde una Colonia vecina en corteza de la Terra, para brindarles apoyo y asistencia.

Sergiño y Lívia se acercaron a la humilde casa, caminando por el estrecho y sinuoso callejón, entre chozas pobres y malolientes. Sergiño se mostró sorprendido y Lívia preguntó:

-¿Estás bien?

-¡Me siento mareado! Nunca había visto tanta suciedad como esta... No imaginaba que la gente pudiera vivir en un ambiente como este...

Lívia miró tiernamente a su primo y le dijo:

- Entiendo tu impresión negativa, pero sé que este lugar no es ni de lejos el más desprovisto de estructura que he visto en mi vida.

Aun más asombrado, el chico preguntó:

- ¿Has estado en un lugar más miserable que éste?

- Mucho más, Sergiño. Esto aquí es un verdadero paraíso.

- ¿Y qué tipo de lugar necesitado visitaste?

Lívia pensó por un segundo y respondió:

- Sergiño, lamentablemente, para vergüenza de la humanidad, nuestro planeta tiene zonas en extrema pobreza, sucias e infectadas con diversas enfermedades. Son regiones mucho más necesitadas que esta favela.

- Tengo curiosidad, Lívia. ¿Dónde encontraste tanta miseria?

- En diversas partes del mundo; pero, sin duda, algunas regiones de África fueron las que más me entristecieron...

Estaba a punto de hacer otra pregunta, cuando su primo se detuvo:

- Y aquí llegamos.

Los dos estaban frente a las escaleras de madera que conducían a la puerta de la casa. Sergiño subía las escaleras, pero Lívia lo detuvo:

- Espera, hagamos una oración. Necesitamos pedirle a Dios una vez más que nos bendiga a nosotros y a nuestros esfuerzos.

En profunda concentración, Lívia oró pidiendo guía y sabiduría. Antes que terminara, dos entidades espirituales, un hombre y una mujer, salieron de la cabaña para darles el encuentro. Ambos parecían de edad avanzada y la señora al verlos dijo:

- Creo que son Lívia y Sergiño. Estábamos esperando su llegada.

Tocando su brazo suavemente, Lívia la tranquilizó:

- Entendemos su preocupación. Estamos aquí para intentar ayudar. ¿Están relacionados con Pauliño?

- Es nuestro nieto. Sabemos que no tenemos muchos recursos para ayudarlos; aun así, hemos hecho lo mejor que hemos podido. Ya no podía alejarme de ellos. Además Jacira siempre estaba pensando en mí y la distancia hace que todo sea más difícil. Obtuvimos autorización para acercarnos y colaborar.

Hizo una breve pausa y, mostrando gran angustia, preguntó:

- Vas a ayudar a curar a mi nieto, ¿no? Le he pedido a Dios esto todos los días. Ya no soporto ver a un chico tan pequeño sufrir así... De hecho, toda la familia. Mi hija trabaja sin parar. Es una vida muy dolorosa...

Viuda, sin parientes, está sola en el mundo...

Ella no pudo continuar. Pesadas lágrimas rodaron por su rostro y Lívia la abrazó tiernamente, aconsejándole:

- Ten fe, hermana mía, Dios nunca nos abandona. Estamos aquí en respuesta a las oraciones de Pauliño y veo las suyas también. ¿Cuál es tu nombre? ¿Otra vez?

- Josefa. Y este es mi marido Antero.

El hombre, que había permanecido en silencio, le tendió la mano:

- Mucho gusto. Yo también estoy feliz de verte.

En ese momento, Pauliño abrió la puerta y bajó las escaleras, dirigiéndose directamente al baño público, que era compartido con otros vecinos del barrio, la habitación estaba ocupada y el niño, sin abrigo y temblando, se paró frente al puerta, esperando.

Josefa se acercó a él y lo envolvió en un tierno abrazo, preguntándole:

- Ten paciencia hijo mío, todo estará bien.

Pauliño no podía oír a su abuela materna, pero sintió una ligera alegría y sonrió, como si la oyera. La puerta se abrió y entró en la estrecha habitación. Josefa, penalizada, miró al niño y, volviéndose, todavía se dirigió nuevamente a los recién llegados:

- Entonces, ¿vas a curar a mi nieto?

Sergiño no supo qué responder. Se quedó callado. Lívia volvió a abrazar a la angustiada dama y le explicó dulcemente, mientras emitía una suave luz que envolvía a todos a su alrededor:

- Doña Josefa, Dios quiere que todos seamos felices, incluso cuando, a veces, la situación parece muy difícil. Ayudaremos a tu familia, pero la cura depende más de ellos que de nosotros.

Josefa y Antero escuchaban atentamente. Lívia continuó:

- Sabes que Jacira y Pauliño están teniendo una gran oportunidad en esta encarnación, ¿no?

Josefa bajó los ojos y respondió:

- Sí, lo sé, hija mía, y la culpa también la tenemos nosotros.

- No se culpe, doña Josefa, la culpa no nos ayuda en nada. Tenemos que confiar en Dios y aportar lo que podamos. Miremos el presente, no el pasado. Esto nos ayuda a comprender lo que estamos viviendo, y eso es todo. Nuestra verdadera oportunidad es ahora. Hagamos lo mejor que podamos hoy y con el tiempo compensaremos los errores del pasado.

Entonces, Lívia invitó:

- ¿Cree que podemos entrar, doña Josefa?

-Sí, hija mía, absolutamente. Nuestro amigo y protector de este hogar nos espera, vamos.

Pauliño subió desanimado las escaleras, sin notar la compañía de sus nuevos amigos, quienes, junto a sus abuelos, ahora desencarnados, lo seguían de cerca.

Sergiño, por su parte, no quitó los ojos de encima al pequeño muchacho, e inmediatamente sintió que su corazón se llenaba de compasión.

Capítulo 2

Triste realidad

Cuando Pauliño cerró la puerta detrás de él, Lívia y Sergiño ya habían entrado con los abuelos del niño. El señor Antero inmediatamente dijo:

- Ven, nuestro instructor está ahí.

En cuanto los vio, Luiz los recibió afablemente:

- ¡Qué maravilla que hayan llegado, amigos míos! Llevo mucho tiempo esperando refuerzos del Altísimo. Los problemas en casa empeoran. Doña Josefa y Antero, aquí - miró cariñosamente a los dos señores - están haciendo todo lo posible para ayudar; sin embargo, tienen sus estudios y necesitan ausentarse con frecuencia, para asegurar su propio avance. Se dispuso que pudieran quedarse con su hija y sus nietos. ¿No fue así, doña Josefa?

La señora bajó un poco la cabeza y respondió:

- Así es. Pero queriendo ayudarnos más...

Con la paciencia del alma que ya ha alcanzado alguna virtud, Luiz respondió amablemente:

- Solo puede ayudar si ellos también están mejorando. Por tanto, debes irte, doña Josefa. Sé que tienes tareas importantes que realizar en la Colonia. A partir de ahora Sergio y Lívia estarán aquí y podrás continuar con tus estudios.

Josefa miró vacilante a los dos jóvenes y a su marido. Al notar la ansiedad de la amable señora, Luiz insistió:

- No hay nada que hacer por ahora. Nuestros amigos acaban de llegar y necesitarán algo de tiempo para familiarizarse con la situación.

Sin esperar respuesta, Sergiño intervino:

-Ya hemos estudiado el caso en profundidad; Estamos dispuestos a ayudar, doña Josefa.

Miró a Lívia, deseando que dijera algo, pero ella se limitó a sonreír. Fue Luiz quien concluyó:

- Conocen la historia. Solo necesitan algo de tiempo para involucrarse con su familia, crear vínculos de cariño y la armonía necesaria.

Josefa suspiró largamente y finalmente asintió, secándose los ojos:

- Muy bien, hijos míos, dejo en vuestras manos lo más preciado que tengo. Cuida bien mis tesoros.

Luiz se despidió de ellos con un abrazo. Ambos regresarían a la Colonia donde habían sido recogidos luego de abandonar su cuerpo físico, para continuar con las tareas que se dedicaron a mejorar sus almas.

Luego de una larga conversación en la que detalló la delicada situación de la familia, Luiz concluyó:

- Como pueden ver, realmente necesitan nuestro apoyo. Acompañaré a Jacira en sus actividades fuera de casa, mientras tú sigues de cerca a Pauliño.

Jacira habló con Pauliño antes de irse:

- Hice la leche de tus hermanos; dásela y quédate hasta que llegue doña María; entonces tú y Lindomar se pueden ir a trabajar.

Volvió a mirar las dos botellas medio vacías sobre el fregadero, suspiró y se fue, seguida de Luiz.

Lívia miró atentamente a su alrededor y exclamó:

- ¡Realmente están en serios problemas!

Tan pronto como su madre se fue, Pauliño se acercó a la ventana y se aseguró que no volviera. Luego, se arrojó sobre la cama, sin ningún entusiasmo. Sergiño observó la mesa vacía y preguntó:

- ¿Ya desayunó? Si lo hiciera, tendría más energía.

Lívia respondió:

- Parece que hoy no tienen nada que comer.

Mira.

Ambos se acercaron al diminuto y mugriento fregadero, sin agua corriente, y vieron los dos biberones con leche diluida, casi agua.

Sergiño se volvió hacia los dos niños pequeños que jugaban en el suelo, con la nariz mocosa, niños flacos que daba dolor; luego vio a Pauliño, tumbado en el colchón, y a Lindomar, de casi cinco años, distraído con los juegos de los niños. Finalmente se sentó y dijo desanimado:

- ¡Dios mío, qué triste! ¿Cómo pueden crecer sanos si ni siquiera tienen leche para beber?

- Y mi primo, y lamentablemente no son los únicos en esta condición. Innumerables hermanos nuestros viven dramas iguales o incluso peores.

- Lívia, ¿dónde están los otros niños? Hay siete hermanos, ¿no?

Antes que Lívia pudiera responder, entró doña María, arrastrando a dos niños de las manos y llevando en su regazo a un bebé de unos ocho meses.

La joven miró a Sergiño y dijo:

- Allí están; acaban de llegar.

La amable señora colocó al bebé sobre el colchón y, al ver a Pauliño, preguntó:

- Eh, ¿todavía acostado? ¿Estás enfermo, muchacho?

Sentándose rápidamente, negó:

- ¡De ninguna manera! Tengo sueño. En realidad te estaba esperando para poder irme.

Y tomando a Lindomar de la mano, dijo:

- Vamos, Lindomar, tenemos que trabajar.

Ambos salieron. Doña María, con mirada triste, los miró y pensó:

"Dios mío, cómo me gustaría poder hacer más por estos niños... Pero, ¿qué puedo hacer, Jesús? Yo también soy tan pobre... Cómo me gustaría poder ayudar..."

Lívia y Sergiño siguieron a los chicos. Caminaron un largo camino, luego tomaron un autobús y caminaron de nuevo. Finalmente llegaron a una concurrida intersección en una importante avenida de Sao Paulo. Pauliño se acercó a un chico alto y le dijo, sin mirarlo a los ojos:

- Traje a mi hermano para ayudar. También sabe vender.

Midiendo al pequeño Lindomar de arriba a abajo, el grandulón preguntó:

- ¿Cuántos años tiene?

- Cinco.

- No sabrá vender. Él puede pedir.

Pauliño protestó:

-¡No! Pregunta no, él puede trabajar como yo.

- Cállate y haz lo que te digo. Él pedirá y tú venderás.

Y poniendo en las manos del niño unas bolsas de caramelos y bolígrafos, dijo:

- Vamos, ve rápido. Llegaste tarde hoy.

Molesto, pero impotente, Pauliño miró con tristeza a su hermano menor:

-Ve, Lindomar, haz lo que dice Luizón. Él te enseñará cómo hacerlo. Pronto serás más grande y entonces podrás vender también.

Pareciendo asustado, el pequeño, sin entender realmente lo que estaba pasando, obedeció.

Sergiño estalló indignado:

- ¡Qué absurdo, Lívia! ¿Cómo es que nadie hace nada? ¡No es posible! ¡Eso es un peligro! Un niño de ese tamaño abandonado en la calle, y más en manos de un maleducado como Luizón... ¡Tenemos que hacer algo! Dime, ¿qué podemos hacer ahora para detener a este tipo?

- Tranquilo, ésta no es la conducta adecuada. Recuerda, estamos aquí para ayudar, no para interferir.

- ¿Cómo no? ¡Tenemos que impedir que el tipo haga trabajar a este niño!

- No podemos, Sergiño.

- ¿Cómo no?

- Debemos actuar con precaución. Ayudaremos en todo lo posible, pero debemos actuar con prudencia y en el momento adecuado.

Acercándose a Luizón, el chico colocó su pierna delante de la del bruto, con la intención de derribarlo. Sin tener éxito, intentó presionarlo, pero igualmente sin éxito. Sergiño saltó y gritó frente al reclutador, que no sintió ni remotamente su influencia. Finalmente, exhausto, el joven desencarnado miró a Lívia y le suplicó:

- Si yo no puedo hacerlo, sé que tú puedes hacer algo; hacer que este tipo se rompa la pierna, o lo que sea... cualquier cosa...

Tan pronto como terminó de hablar, un grupo de entidades problemáticas se unieron a Luizón, quien inmediatamente reveló mayor agresión hacia los niños, gritando órdenes y los amenazo con golpearlos.

Sergiño siguió el movimiento en silencio, luego se acercó a Lívia, quien lo miró severamente y le advirtió:

- Sabes que no es así, sin equilibrio y amor, como les seremos útiles. Aguanta, Sergiño, y recuerda que no estaré a tu lado todo el tiempo. Necesitas aprender a controlar tus impulsos.

El chico sonrió torpemente y concluyó, abrumado:

- Tienes razón... Y no pude contenerme.

Lívia le dio unas palmaditas en la mano y dijo sonriendo:

- Sé que es difícil, y para eso estoy aquí: para aprender.

Sergiño correspondió con una sonrisa forzada y prometió:

- Voy a intentarlo...

Después de un día entero en la calle, entre los autos que iban y venían, casi ignorando su presencia, Pauliño parecía triste y cansado. Casi las cinco de la tarde, arrastraba los pies entre los coches detenidos en el semáforo. Y Luizón gritó desde el otro lado de la calle:

- ¡Vamos, Pauliño, muévete! ¡Es peor que una babosa! Y no vuelvas a traer a ese hermano tuyo, no. Él es muy pequeño, no logró nada en todo el día y solo me dio problemas. ¡Solo te quiero a ti!

Sin levantar la cabeza, el niño intentó en vano caminar más rápido. Y Luizón siguió gritando:

- ¡A ver si vendes algo más! ¡Estás muy débil hoy! ¡De esta manera tendré que cambiarte a ti también! ¿Estás escuchando?

- Estoy... - murmuró el chico, intentando acelerar el paso.

Se acercó a un coche elegante, con una mujer bien vestida al volante y dos niños en el asiento trasero, con la ventanilla casi cerrada. Pauliño ofreció:

- ¿Quiere dulces para los niños, señora?

Cerrando un poco más la ventana, la mujer respondió:

- Hoy no - él suplicó:

- Por favor, señora, ayúdeme. Solo una bolsa de dulces...

-No quiero - él insistió:

- Y a los niños... Les gusta.

- ¡Fuera de aquí, chico! ¿Qué estás pensando? Mis hijos no comen dulces callejeros, ¡no! Fuera, no quiero comprar nada, ¿no oíste? ¿Eres sordo o qué?

Agachando la cabeza, se alejó quejándose:

- Vaya, que valiente... solo estoy trabajando...

Sin prestar la más mínima atención a la reacción del chico, tan pronto como el semáforo cambió y la mujer arrancó, acelerando. Pauliño se sentó en la acera, bajó la cabeza y suspiró profundamente entristecido. Sintió que le ardían los hombros y el pecho como si estuvieran ardiendo. Ese día, hasta su ropa le molestaba. Lindomar se acercó a su hermano y le preguntó:

-¿Puedes darme un dulce ahora? ¡Solo uno!

- No hermoso. Son de Luizón; están a la venta, no para comer. Ve allí, ve...

- ¿Por qué lloras, Pauliño?

Secándose las lágrimas que brotaron, respondió:

- ¡Vete! No estoy llorando, no. ¡Vete! Si Luizón nos ve hablando, pensará que estamos bromeando y me regañará...

- Tengo hambre, Pauliño. Y cansado... quiero irme...

Esta vez fue Lindomar quien rompió a llorar.

Se levantó y lo tomó de la mano:

- Vamos, no hay necesidad de llorar. Vamos; casi es la hora.

Sergiño había pasado todo el día con el niño. Él estaba enfadado:

- No estoy de acuerdo, Lívia. ¿Cómo trabajan los espíritus? ¿Los superiores dejan que un niño como este pase por todo esto? ¡No está bien!

Lívia lo miró seriamente y dijo:

- Si continúas quejándote, dejando que la situación despierte en ti tus propios problemas, no podrás hacer nada al respecto. Hay que aprender a confiar en Dios, en sus leyes eternas y sabias, y hay que actuar con amor y resignación. De lo contrario, además de no ayudar, acabarás estorbando...

Ella guardó silencio por un momento y, ante el silencio del primo, continuó:

- Recuerda que Pauliño no es solo un niño de diez años. Es un espíritu inmortal que una vez vivió otras vidas en la Tierra, que hoy habita en este diminuto cuerpo. Nunca olvides eso. Si ahora es un niño, alguna vez fue un hombre. Conoces un poco sobre su pasado y sus dificultades actuales, pero aun no conoces todos los detalles. Es dentro de sí mismo que guarda toda su historia: sus vivencias, sus potencialidades, sus desafíos en la presente encarnación.

Sergiño se quedó callado y añadió:

- Si realmente quieres ayudar, ama esta pequeña vida y recuerda que estamos aquí para ayudar. Perder el tiempo con quejas, lamentos e inconformidades no ayudará en nada.

Sorprendido por el rigor de Lívia, Sergiño finalmente reaccionó:

- ¡No necesitas estar tan enojada! ¡Caramba! Nunca me has hablado tan duramente, así que...

Sin dejar que completara, ella respondió:

- Aquí están en juego vidas; el futuro de su encarnación puede verse comprometido si no toman las decisiones más adecuadas para su avance. Estamos aquí para ayudarle a tomar estas decisiones, y no para liberarlo de todos los problemas, ya que es precisamente a través de ellos que crecerá. Debemos actuar con amor y firmeza, severidad y comprensión, flexibilidad y ternura, si queremos ser verdaderamente útiles. No estamos aquí para jugar, sino para marcar la diferencia. No hay tiempo para lamentos y revueltas, solo para el trabajo y la dedicación sincera a este hogar.

Se quedó en silencio, dándose cuenta del profundo impacto que sus palabras habían causado al chico. Sergiño permaneció en silencio durante todo el camino de regreso. Ya en la puerta de la sencilla casa, dijo:

- Lo siento, Lívia, tienes razón. Y a veces es muy difícil para mí.

- Lo sé, y lo repito: estás aquí para aprender. Sé humilde y esfuérzate lo más que puedas. No se cobrará nada más allá de eso.

Él sonrió y movió la cabeza afirmativamente. iba

Sube las escaleras, pero Lívia lo detiene:

- Aférrate. Vamos a casa de nuestra vecina, doña María; Quiero ver si podemos contar con su cooperación.

Capítulo 3

Intento frustrado

Lívia entró a la casita al lado de Paulo y su familia. La señora de rostro envejecido por el arduo trabajo estaba frente a la estufa, preparando una cena sencilla. En la mesa dos niñas esperaban para comer, en compañía de Onofre, el marido de doña María. Él estaba serio y las chicas permanecía en silencio.

Lívia rápidamente observó el entorno y señaló:

- Mira, ahí en la esquina.

Sergiño miró en la dirección que señalaba y sacudió la cabeza con desaprobación. Luego preguntó:

- ¿Pueden vernos?

- No.

- ¿Quiénes son?

- Los compañeros de Onofre. Vinieron con él desde el bar.

Dos entidades que exudaban un fuerte olor a bebidas alcohólicas hablaban en un lenguaje vulgar y agresivo, alejándose de la mesa. Uno de ellos comentó:

- Tenemos que hacer algo con esta mujercita... Cada vez que entra a la casa, no podemos acercarnos. Parece que ella lo cuida por completo.

- ¡Quédate quieto! Me alegro de haber logrado entrar.

Onofre nos da suficiente cobijo para quedarnos dentro de la casa. Si salimos, ya sabes lo que te vas a encontrar, especialmente a esta hora de la noche. ¡Dios no lo quiera! Estamos aquí, Genivaldo.

Deja a María en paz. ¡Siempre ha sido así, por muy buena que sea ella!

El otro murmuró algo y luego ambos guardaron silencio.

Lívia dijo sonriendo:

- Mira, Sergiño, mira la cabeza de doña María. ¿Ves?

- Sí, veo una luz tenue, muy tenue sobre su cabeza.

- ¿Sabes qué es esto? ¿Recuerdas?

- Creo que sí. ¿Es ella una médium?

- Sí, ella es médium. Voy a echar un vistazo más de cerca a su trabajo para ver cómo podemos ponernos en contacto con ella. Ahora quiero que te concentres y ores por este hogar, por todos los hermanos aquí presentes, en definitiva. Y dale mucho amor a esta hermana nuestra. Necesitamos elevar el nivel vibratorio del entorno, para que podamos acercarnos.

Sergiño se concentró y comenzó la oración. Momentos después, una figura amigable y jovial los saludó. Era Emiliano, el espíritu protector que acompañaba a doña María.

Luego de la breve presentación, confirmó:

- Sí, doña María es médium, pero su fe católica no le permitió desarrollar su sensibilidad. No importa, porque ella solo ha hecho el bien a lo largo de su vida. Tiene humildad y sencillez que facilitan nuestra influencia, y siempre que es posible la utilizamos para ayudar a alguien que lo necesita.

Sergiño preguntó:

-¿Y su marido?

- Con él es diferente. No tiene fe en nada, ni siquiera en sí mismo. Ha sido una gran carga para doña María. Sin embargo, ella está resignada. Antes de reencarnar, ella aceptó apoyarlo y cumplió valientemente sus compromisos.

Lívia sonrió y dijo:

- ¡Qué bueno! Ella ciertamente podría ayudarnos.

- Creo que sí. A María le gustan mucho Jacira y sus hijos. Nunca pudo tener hijos y, para compensar, siempre ayudó a las madres menos privilegiadas de la favela. Fue casi madre de las dos hermanas de Pauliño, María del Socorro y María de Jesús, que pasan mucho tiempo aquí con ella. María simplemente ya no ayuda porque Onofre no se lo permite. De lo contrario, creo que habría abierto su propia casa a los más necesitados.

Lívia comentó:

- Es verdaderamente un alma generosa.

Los tres permanecieron durante mucho tiempo en silenciosa vibración. Luego, a pedido de Lívia, habló Emiliano profirió una sentida oración a favor del hogar de doña María. Cuando terminaron, la joven preguntó al amable protector:

- ¿Cómo podemos comunicarnos con doña María?

- Para los objetivos que tienes, creo que será más efectivo soñando. Aunque ella puede sentir nuestra influencia, si quiero pedirle que haga algo, creo que los sueños son la mejor manera de hacerlo.

- ¿Y nos responderá cuando está despierta? - Preguntó Sergiño, curioso.

Emiliano confirmó:

-Habrá que insistir durante todo el día, pero creo que es la mejor alternativa.

Esta vez fue Lívia quien dijo:

- Bueno, intentémoslo mientras duermen esta noche.

Hasta el momento oportuno, sigamos en oración.

Eran más de las once cuando la servicial señora se fue a la cama. En cuanto doña María se durmió, Emiliano ayudó a su periespíritu a desprenderse del cuerpo denso. Tan pronto como estuvo semilibre, notó que una luz más intensa la rodeaba. Parecía conocer a Emiliano y confiar mucho en él, quien al presentar a los visitantes explicó:

- Están aquí para ayudar a Pauliño y Jacira, y quieren hablar contigo.

- Por supuesto, también me preocupo mucho por esta madre. Hay siete hijos, sin dinero y tantas dificultades...

Lívia dijo con tierna inflexión:

- Su dedicación sin duda alivia su sufrimiento.

Doña María se limitó a sonreír. Lívia continuó:

- Realmente necesitamos su ayuda, Sra. María.

- Puedes hablar hija, yo haré lo que pueda.

- Pauliño está muy enfermo.

- Dios mío, ¿qué tiene?

- Tiene una enfermedad inusual llamada incendio salvaje. ¿Has oído de esto?

- Vagamente, pero no sé qué es.

- Es una enfermedad muy dolorosa e incómoda. Deseamos ayudar a la familia y en especial al niño.

- ¿Y Jacira ya lo sabe?

-No, ni siquiera lo sospecha. ¿Recuerdas cuando Pauliño estuvo aquí, hace unos días, pidiendo mirarse en el espejo?

- Sí, lo recuerdo.

- Quería ver qué tenía en los hombros y en la espalda. Notaste que algo andaba mal, sin saber qué es. Pronto Jacira sabrá que su hijo está enfermo y debemos prepararlos para aceptar el desafío que les presenta la enfermedad y también para buscar asistencia que pueda brindarles una cura.

- ¿Entonces se va a curar?

- Es posible... Dependerá mucho de ellos dos: Pauliño y Jacira.

Doña María miró atentamente a Lívia, dispuesta a ayudar.

La joven continuó:

- Y necesito que recuerdes nuestro encuentro, cuando despiertes nuevamente en tu cuerpo físico. Hay que hacer un gran esfuerzo para recordar.

- Lo intentaré, hija mía, lo intentaré. ¿Qué quieres que haga?

- Necesitamos que Jacira y Pauliño asistan a una Casa Espírita. ¿Conoces esa casita en la cuadra de arriba, después de salir de la favela?

- Yo sé dónde está.

- Deberían ir allí, encontrarse con los líderes y empezar a frecuentar la Casa. Allí podemos involucrarlos con más tranquilidad y ayudarlos de ahora en adelante. Es muy importante que nos escuchen. ¿Crees que puedes transmitirles nuestro mensaje?

- Mira hija, puedo intentarlo, pero será un poco raro, ¿no crees? Todo el mundo sabe que soy católica practicante; ¿no les va a parecer extraño mi consejo? ¿No sería más lógico que fueran a misa?

Lívia sonrió y aclaró:

- Ellos pueden ir. La cuestión es que la Casa espiritual de la que te hablé ya está preparada para recibirlos. Los asesores espirituales de esa casa de Jesús conocen el problema y están trabajando para brindar el apoyo necesario a nuestros amigos. Lo entiendes, ¿no?

- Sí, yo entiendo. Puedes contar conmigo. ¿Me vas a ayudar, verdad Emiliano? ¿Me vas a ayudar a no olvidar y a hablar bien con Jacira?

Abrazando fraternalmente a la señora, Emiliano aseguró, mientras la ayudaba a regresar a su cuerpo físico:

- Cuenta conmigo.

Cuando despertó a la mañana siguiente, doña María tenía un recuerdo claro del sueño y especialmente del pedido de Lívia. Se levantó, preparó una taza de café y se la sirvió con pan a su marido.

Tan pronto como Onofre se fue, ella se dirigió a la casa de Jacira. A pesar que era muy temprano, la dueña de casa ya estaba levantada, preparándose para salir.

- Buenos días, Jacira.

- Buenos días, doña María. ¡Qué bendición ha llegado! Necesito llevar a Pauliño a urgencias. No le va nada bien. Creo que tuvo fiebre durante la noche, tiene calor y sudando frío. Lo voy a llevar al hospital, ¿qué te parece?

Al recordar inmediatamente el sueño, doña María asintió:

- Y claro, Jacira, tienes que llevarlo, sí. De repente es algo más serio ¿no?

- No quiere ir, es mucho trabajo. Sigue diciendo que está bien, que no es nada, que es un resfriado para nada, pero yo no lo creo. Ha estado un poco extraño durante días...

Inspirada por Emiliano, doña María afirmó con confianza:

- Es verdad, Jacira, Pauliño no se encuentran bien. El necesita ayuda.

Jacira miró asustada a la anciana y preguntó:

- ¿Qué tiene? ¿Te dijo algo?

- No, hija mía, no es eso. Vine aquí temprano porque estoy preocupada por ti. ¿Sabes de esos sueños que suelo tener de vez en cuando?

Haciendo la señal de la cruz, Jacira respondió:

- ¡Dios no lo quiera, doña María! ¿Los que tenías cuando murió tu padre?

Doña María suspiró:

- Eso mismo. Tuve uno de ellos esta noche.

- ¿Y qué pasará?

Tratando de recordar todo lo que podía y ayudada por Emiliano, con Lívia y Sergiño firmemente concentrados, doña María dijo:

- Creo que son ángeles, no lo sé. Me dijeron, en el sueño, que Pauliño está realmente enfermo. Y me pidieron que te transmitiera un mensaje.

Angustiada y temerosa, Jacira preguntó:

- Habla rápido, doña María, ¿qué pidieron?

- Que frecuentaras la Casa Espirita de arriba; la de la entrada a la favela.

Jacira reaccionó de inmediato diciendo:

- No me gustan estas cosas, señora María, tengo miedo. De ninguna manera pondré un pie en ningún otro lugar.

Haciendo nuevamente la señal de la cruz, determinó:

- ¡Dios no lo quiera y guarde! Realmente no voy a ir, lo siento señora. Yo también soy católica y no me gustan esas cosas, no.

Doña María sonrió y, todavía inspirada por Emiliano, insistió suavemente:

- ¿Por qué no ir allí al menos para verlo? ¿Qué daño puede haber? ¡Iré contigo!

Jacira miró recelosa a su amiga y le preguntó:

- Pero tú eres católica… ¿qué vas a hacer ahí? ¿Crees en estas cosas espirituales?

Doña María pensó un poco antes de responder:

- Sabes Jacira, la chica que me habló en el sueño era tan dulce, tan cariñosa y parecía tan preocupada por ti, que realmente creo que deberías atender.

- ¡Mire, doña María, me perdonará, pero yo no entro en un lugar así bajo ningún concepto! No vale la pena insistir. Ahora necesito irme; si no, pasaré el día en urgencias. Ven, Pauliño, vámonos.

- Bueno ya di el mensaje - dijo doña María, suspirando profundamente.

Jacira salió tirando de su hijo; en su rostro había ansiedad y miedo.

Sergiño le pregunta a Lívia:

- ¿Y ahora? ¿Qué haremos?

Capítulo 4

A un paso de la verdad

Sergiño esperó la respuesta de su prima, que tardó algunos segundos:

- No lo sé con certeza. Pidamos ayuda y contemos con la luz de lo Alto para poder ayudar.

Él, avergonzado, insistió:

- Pero, ¿a qué le tiene tanto miedo exactamente?

- Creo que es de lo desconocido. No sabe nada sobre la Doctrina Espírita, solo ha escuchado muchas historias sobre espíritus y teme lo que no sabe. Eso es muy común ¿no crees?

Reflexionó un poco y estuvo de acuerdo:

- Creo que tienes razón. Todos tenemos miedo de lo que no sabemos. Por eso muchos temen a la muerte, ¿verdad?

- Sin duda. Como no saben qué sucederá más allá del momento crucial del paso, y se desconoce lo que les espera, es natural que la gente tema. Por eso es tan importante la aclaración que brinda la Doctrina Espírita. Nos libera de miedos infundados, de supersticiones, de creencias que no tienen ningún sentido y que muchas veces acaban dominándonos.

Él asintió nuevamente y añadió:

- Sí, si supiéramos exactamente qué nos íbamos a encontrar nada más salir del cuerpo físico, no tendríamos tanto miedo…

Después de una larga pausa, él mismo preguntó:

- ¿O tal vez lo temeríamos aun más?

- No hay duda que nuestra condición moral determinará nuestro estado cuando desencarnemos. Por eso, para muchos, saber lo que les espera es tranquilizador; Para otros, es más aterrador. Por eso, hay un gran número de quienes prefieren el materialismo, la "muerte ya pasó", porque así ahogan su conciencia y se lanzan sin pensar a placeres momentáneos y efímeros.

Ahora fue Lívia quien hizo una pausa, antes de invitar:

-Acompañemos a Jacira y Pauliño al hospital y veamos cómo se desarrollan las cosas. Sin duda, la vida nos brindará una nueva oportunidad para actuar.

- Es una pena que ignoraran nuestra invitación... Le evitaría tanto sufrimiento...

- ¿Qué podemos hacer? Esperemos la siguiente oportunidad de ayudar.

Se fueron. Siguiendo las vibraciones de Jacira y luego de Lívia y Sergiño iban con ellos en el autobús. El espacio tenía al menos el doble de personas de las que cabía originalmente. Los pasajeros estaban apretujados, casi uno encima del otro.

Al fondo, tratando de abrir paso para ella y su hijo, vieron a Jacira. Los ojos de Pauliño estaban medio cerrados y estaba visiblemente febril.

- ¡Discúlpeme señor! Con permiso.

Uno maldijo aquí, otro allá:

- ¡No pises mi pie! ¡Eso duele!

Jacira abrió espacio con dificultad. Sergiño se alarmó:

- ¡Qué autobús tan lleno de gente! ¡Este es un peligro real! Hay gente colgada en ambas puertas, entrada y salida. ¿Puedes, Lívia?

- Por supuesto que no, pero esta gente no tiene otra alternativa.

Inmediatamente el joven recordó los autobuses que usaba, que no estaban tan llenos como ese, y suspiró profundamente. Realmente había disfrutado de un estatus privilegiado en el mundo.

Nunca le había faltado nada; tenía una familia maravillosa, una madre extremadamente cariñosa y un padre dedicado. ¡Qué tonto había sido al no valorar todo lo que tenía a su disposición!

Lívia notó el arrepentimiento en su rostro y preguntó:

- ¿Qué pasó? ¿Por qué la tristeza?

- Creo que es nostalgia.

Lívia, que pudo comprender sus pensamientos, preguntó:

- ¿Solo eso?

- Anhelo y arrepentimiento...

- Entiendo.

Permanecieron en silencio durante mucho tiempo. Cuando Jacira y Pauliño bajaron rumbo al hospital, Lívia le dijo al chico:

- Una vez que concluimos nuestro seguimiento de hoy, ¿qué te parece ir a casa de tus padres? ¿Te gustaría volver a verlos?

Sergiño mostró una amplia sonrisa y respondió rápidamente:

- ¡Me encantaría, Lívia! ¿Realmente podemos ir?

- Sí. Vamos a hacer todo lo posible para apoyarlos a ambos aquí y, cuando estemos seguros que estarán bien, visitaremos a tu familia. Ellos también deben sentir nostalgia.

Un repentino entusiasmo invadió a Sergiño y sonrió mientras seguía a Lívia, quien, detrás de madre e hijo, mostraba notoria aprensión.

Ante de la cuadra del hospital, Jacira vio una línea inmensa. Se acercó y le preguntó al último:

- ¿Esta fila es para ser atendido?

- No señora, es para triaje. Después del triaje viene el registro y luego, sí, viene la cola de atención.

- ¿Y será que demora mucho? Mi hijo no está nada bien...

- No lo sé, señora. Nunca se sabe... He visto gente morir, aquí mismo, en esta fila.

Jacira miró irritada al hombre, abrazó a su hijo y protestó:

- Caray, hombre, Dios no lo quiera. No digas algo así delante de mi chico.

El hombre guardó silencio y se volvió hacia el frente nuevamente. Jacira puso a su hijo en fila y le preguntó:

- Quédate aquí, Pauliño, y sabré mejor cómo funcionan las cosas. Nunca he estado en este hospital, pero es el más cercano a casa.

El niño obedeció sin discutir. Tan pronto como su madre se alejó, se sentó en el suelo, casi desmayándose.

Sergiño lo miró y con los ojos llenos de lágrimas preguntó:

- ¿No podemos hacer nada con esto? Está casi desmayándose... Está muy débil...

Acercándose al niño, Lívia le puso las manos encima e invitó a su prima:

- Concentrémonos y tratemos de transmitirle energía, lo máximo posible en estas condiciones, aquí en plena calle.

Mientras hablaba, un grupo de entidades que llevaban a cabo actos problemáticos pasaron justo al lado de la fila, sin embargo, registraron su presencia. Espíritus visiblemente enfermos vagaban de vez en cuando, apareciendo entre los encarnados.

Sergiño asintió y se colocó detrás de Pauliño. Después de mucho tiempo, el niño empezó a sentirse mejor y se levantó más emocionado. No pasó mucho tiempo y Jacira regresó con una contraseña en la mano:

- Vamos, tengo este número aquí. ¿Cómo estás pequeño? Intentarán atenderte más rápido. Parece que hay una ola de meningitis que afecta a los niños. Por eso quieren examinarte pronto.

Pauliño abrió mucho los ojos y preguntó:

- ¿Qué es eso, mamá?

- ¿Meningitis? Yo tampoco lo sé realmente; Parece que es una enfermedad que causa dolores de cabeza, fiebre y no sé qué más.

- ¿Es eso lo que tengo?

- ¡Espero que no! Dicen que esta enfermedad es peligrosa...

- ¿Peligrosa cómo?

Ella pensó un poco y respondió:

- Causa mucho dolor...

Miró torpemente a su madre y se quedó sin palabras. Jacira, que conocía bien a su hijo, preguntó:

- ¿Qué pasa, muchacho, qué es esa cara?

- Nada.

- Sé que estás ocultando algo. ¡Te conozco muy bien! Si fuera uno de tus hermanos, tal vez incluso me equivocaría, pero contigo, no sé por qué, sabes mucho...
¿Qué estás escondiendo?

Quitándose la camiseta para mostrarle a su madre las enormes ampollas que ya se habían formado en su pecho y espalda, el niño preguntó:

- Será esta meningitis que me está dejando así, ¿mamá? Duele, arde mucho...

Al ver el estado de su hijo, Jacira dejó escapar un grito ahogado:

- Dios mío... ¿Desde cuándo estás así, chico?

- No sé mamá, unos días.

- Di la verdad, ¿cuánto tiempo ha pasado?

Pauliño se puso a llorar y, aterrorizado, balbuceó:

-No lo sé… Han pasado unos días…

Jacira estaba a punto de continuar cuando escuchó que el asistente la llamaba por su nombre; tomó la mano de su hijo y le dijo:

- Ponte esta camiseta y vámonos. Espero que no sea meningitis...

El médico examinó brevemente a Pauliño y declaró:

- No es meningitis, no. Ahora examinaremos estas manchas. Tendrá que permanecer internado para presentarse a los exámenes.

- ¿Internado, doctor?

El médico fue duro:

- Sí, internado. ¿Quieres que tu hijo transmita enfermedades? Tenemos que saber qué tiene. Se acerca una epidemia de meningitis...

Jacira guardó silencio, avergonzada. Fue la enfermera quien, entrando entonces, preguntó:

-¿Te vas a quedar con el niño?

- ¿Tardará mucho tiempo?

- No lo creo, solo es necesario hacer los exámenes.

Si todo está bien, mañana debería ser liberado.

- Entonces voy a ver cómo están las cosas en casa y volveré temprano.

- Está bien, puedes irte; mientras tanto ya le están haciendo algunos exámenes.

Desesperado, asustado, Pauliño vio alejarse a su madre. Lágrimas pesadas corrieron por su rostro. Jacira se fue sin mirar atrás, pues temía no poder soportar dejar a su hijo.

La enfermera, inspirada por Lívia, tomó las manos del niño y le dijo:

- Todo estará bien, mantén la calma.

Se frotó la nariz, se secó los ojos y luego respondió:

- Está bien.

Capítulo 5
Alegría y nostalgia

Lívia involucró más a la enfermera, quien llena de compasión por el niño decidió observar de cerca todos los exámenes, para asegurarse que recibiera de los profesionales del hospital el mejor servicio.

Después de tener una larga conversación con mentores espirituales y médicos desencarnados que se movían entre muchas otras entidades sufrientes en la sala de emergencias, Lívia aclaró:

- Ahora podemos irnos, primo. Pauliño tiene toda la atención que necesita y mañana él y su madre recibirán el diagnóstico sobre el mal.

-¿Mañana?

- Sí. Hasta entonces, estará rodeado de cuidados tanto de nuestro plano como del terrenal. Hay algunas almas genuinamente caritativas y preocupadas por personas similares que trabajan en este hospital. No tengo ninguna duda que nos ayudarán.

Eufórico, Sergiño sonrió y preguntó:

- ¿Entonces vamos?

Caminaron hacia la puerta. Tan pronto como salieron, el chico respiró hondo el aire de la tarde y dijo:

- Realmente necesitaba aire fresco; Me sentí asfixiado por dentro.

- Realmente es un ambiente difícil.

Sonriendo suavemente, preguntó:

- ¿Sabes que día es hoy?

Pensó, pensó y respondió:

- Lunes. ¿Y...?

- ¿Pasa algo especial en casa de tus padres los lunes?

El rostro de Sergiño se iluminó cuando respondió:

- ¡Es el día del Evangelio en el Hogar!

- Entonces será mejor que nos demos prisa. No hay mejor momento para visitar a nuestros seres queridos que están en el cuerpo físico que cuando están en recogimiento y oración. La energía favorable que se establece en estas ocasiones nos anima a acercarnos más.

Se dirigieron sin demora a la agradable residencia de la familia de Sergiño. Cerca de la puerta, el chico se detuvo. Miró a Lívia y suspiró, conmovido. Ella tomó sus manos y dijo:

- No te pongas nervioso, va a estar todo bien.

- Los extraño mucho, Lívia, y tengo muchas ganas de seguir estando con ellos. Extraño lo que no viví con mis padres, con mis hermanos... Las conversaciones que no tuve con Fabio y Sueli. Siento falta de los besos que no le di a mi madre, el cariño y el valor que no le di a mi padre...

Lágrimas pesadas corrieron por su rostro. Lívia le secó la cara y dijo:

- Es muy natural. La ruptura fue tan repentina que no hubo tiempo para prepararse para una nueva vida. Pero, a pesar de todo lo que te ha pasado, estás aquí, Sergiño, con la posibilidad de verlos y, quién sabe, de hacerte notar por ellos.

Después de una breve pausa, preguntó:

- ¡Vamos, ánimo! Es un momento de alegría, además no deberíamos entrar en casa de alguien cargando en el corazón dolor y tristeza. No tenemos ese derecho, Sergiño. Después de todo, están en el cuerpo, donde ya está en marcha la lucha por el equilibrio ya es bastante arduo. Aprovecha la oportunidad para demostrar el amor y cariño que tienes por tu familia.

Lo miró a los ojos, esperando su respuesta. Se recompuso y afirmó:

- Voy a intentarlo.

-¿Intentar?

- Y lo intentaré.

- Puedes hacer más que eso, solo necesitas querer hacerlo. Vamos, prométeme que le darás lo mejor de ti a mi querida tía Eugenia, a mi tío Felipe y a mis primos Sueli y Fabio.

Y poniéndose seria, repitió:

- Promételo, o nos iremos ahora mismo.

- Está bien, cálmate, lo prometo.

- Así está mejor.

Subieron las escaleras que conducían a la entrada principal y luego, con la ayuda de la capacidad mental de Lívia, ambos entraron a la casa. Faltaba aproximadamente media hora para la reunión evangélica. Doña Eugenia estaba sentada en el sofá del salón, leyendo un libro. De fondo, una música suave llenaba la habitación. Sueli, sentada en otro sofá, también estaba leyendo un libro.

Sergiño miró el ambiente familiar donde creció y sonrió al decir:

- ¡Qué energía acogedora, qué dulzura... y qué fácil es pensar en Dios en este hogar!

- Cuando trabajamos incesantemente para crear paz, amor y armonía dentro de nosotros mismos, estas vibraciones irradian indefectiblemente a nuestro alrededor, creando esta aura de calidez, equilibrio y bienestar que sientes. Claro que sí que le debe mucho a tu madre, que trabaja incansablemente para mantener este hermoso logro doméstico.

Sergiño volvió a sonreír, satisfecho. Luego preguntó:

- ¿Dónde estarán Fabio y mi padre?

Lívia miró a doña Eugenia por unos segundos y dijo:

- Fabio debe estar en la habitación. En cuanto a tu padre, aun no ha llegado. Tu madre está un poco preocupada por su ausencia.

- ¿Qué estará pasando? ¿Podría haber algún problema? ¿Puedes realmente saber lo que está pensando?

-No exactamente todo lo que piensas, pero sus mayores preocupaciones se reflejan en su aura. Mira con atención, lo podrás notar.

Sergiño miró bien a su madre y luego dijo:

- Veo algunas regiones más agitadas alrededor de su cuerpo espiritual.

- Sí, está preocupada por tu padre. ¿Sabes que podemos, además de la visita rápida, serle útil de alguna manera?

- Espero que sí.

Lívia se acercó a doña Eugenia, quien inmediatamente sintió que una inmensa paz inundaba su corazón y la calmaba por completo. Sueli, sin quitar la vista del libro, sonrió ampliamente, lo que acabó llamando la atención de su madre.

- ¿Por qué sonríes, hija mía? ¿Algo interesante ahí?

Sueli dejó el libro, se acomodó en el sofá y respondió:

- No. De repente, no sé por qué, pensé en Lívia. Fue como si la viera aquí, sentada entre nosotros, sonriéndome y yo le devolví la sonrisa.

Doña Eugenia, conociendo un poco la Doctrina Espírita y consciente ya de la sensibilidad de su hija, estaba indecisa sobre lo que debía decirle; finalmente preguntó:

- ¿Te pareció feliz?

- Sí. Como dije, tuve la impresión que dejaba de sonreír.

- Te sentiste bien, ¿no?

- Sí, yo también estaba feliz.

-¡Qué bueno!

Mientras tanto, Sergiño encontró a su hermano menor viendo la televisión. Se detuvo frente al dispositivo y siguió durante un rato el programa mostrado. En unos minutos de observaciones, quedó impactado por el contenido de lo que vio su hermano. Salió de la habitación y fue al encuentro de Lívia:

- ¡Lívia, Fabio está en su habitación viendo algo terrible en la televisión! Un programa absurdo. ¡No es para su edad, bajo ningún concepto!

- Ahora es mejor quedarse aquí; pronto llegarán muchos para participar del Evangelio y podemos ayudar, si nos preparamos.

Sergiño estaba a punto de responder, cuando doña Eugenia se levantó, puso sobre la mesa la novela *Hace 2000 años*, que estaba leyendo, y le dijo a Sueli:

- Le diré a tu hermano que ya casi es la hora.

Sueli consultó su reloj de pulsera y respondió:

- Aun quedan unos quince minutos...

- Pero ya tenemos que empezar a prepararnos.

- ¿Puedo seguir leyendo?

- Solo un poco más. Después me gustaría que te prepares también, en la oración: en la acción, para iniciar nuestra noche de Evangelio en el Hogar.

- Está bien.

Mientras doña Eugenia iba a la habitación de su hijo, llegaron entidades espirituales que apoyaron a otros en un estado horrible. Los colocaron en sillas cerca del centro del salón, donde se llevaría a cabo el servicio del Evangelio.

Algunas de las entidades parecían completamente ausentes y otras, semiconscientes, parecían dormidas.

Lívia pronto saludó a uno de los hombres que trabajaban:

- ¿Cómo estás, Teodoro?

- Bien. Es un placer encontrarte por aquí, Lívia.

-¿Lo reconoces, Sergiño?

Examinando atentamente al hombre, admitió:

- No me acuerdo.

Teodoro explicó:

- Nos encontramos aquí cuando regresaste a tu casa, tiempo después de haber desencarnado. Estabas muy débil, tal vez por eso no te acuerdas.

Sergiño se esforzó, pero en vano:

- Lo siento, realmente no lo recuerdo.

Abrazando cariñosamente al chico, Teodoro le dijo:

- Está bien, lo importante es que estés bien. Soy muy feliz de verte recuperado. ¿Nos preparamos? Casi es la hora.

Tan pronto como se alejó, Lívia aclaró:

- Este es un grupo de ayuda para entidades desencarnadas que están sufriendo, perdidas, deambulando sin rumbo.

- ¿Y por qué están aquí?

- El hogar que cultiva el Evangelio con disciplina y constancia crea luz a su alrededor. Por lo tanto, se convierte en un punto de apoyo para los equipos de rescate, que ponen en contacto a los espíritus que sufren con energías más sutiles y superiores, abriendo así la posibilidad de una ayuda más eficaz.

- Pero, ¿entonces no se quedan aquí, molestando a la familia?

- De ninguna manera. Llegan acompañados, y solo se quedan cuando hay justificación para ello; y siempre con asistencia y supervisión. Esto nunca altera el ambiente de la casa.

Todos se calmaron. Ahora, Fabio, un tanto de mala gana, también estaba en la sala. Doña Eugenia hizo una oración y comenzó a leer *El Evangelio según el Espiritismo*. Leyó un breve extracto e hizo un breve comentario. Luego le pidió a Sueli que leyera un texto complementario y le indicó que dijera la oración final esa noche. Antes de la parte final llegó Felipe, que dejó su pesada bolsa de trabajo en la habitación de la pareja y se unió al grupo.

Durante la oración, Sueli de repente sintió como si estuviera flotando. Rodeada de Lívia, ésta se emocionó y, al ver claramente a su hermano desencarnado, dijo:

- Sergiño está aquí hoy.

Doña Eugenia no sabía si llorar, pedirle a Sueli que cambiara de tema - preocupada por la tenaz resistencia de Felipe - ¡o hacer quién sabe qué! Solo atinó a balbucear:

- ¿Él está bien?

- Está bien. Y quiere decir algo. Habla, Sergiño.

Don Felipe, que a pesar de interesarse por el Espiritismo, después de la muerte de su hijo, todavía tenía muchas dudas y reservas, preguntó:

- Ahora, Sueli, deja de bromear.

- No es una broma, papá. Realmente estoy viendo a mi hermano - Abrió una enorme sonrisa y exclamó:

- ¡Te extraño!

Sergiño la abrazó largamente y le dijo:

- Yo también los extraño mucho a todos. No sé cómo puedo pagarles tanto cariño, tanta dedicación. Por favor, Sueli, cuéntales todo esto.

Sueli repitió las palabras de su hermano, quien continuó, con el permiso de su prima:

- No sé cómo pedir perdón por todo el sufrimiento que causé. Especialmente mi madre y mi padre. Lo siento mucho por no haber escuchado sus consejos y advertencias...

Mientras Sueli hablaba, espesas lágrimas corrían por su rostro ingenuo y puro. Él continuó:

- Gracias a Lívia y a muchos otros, me estoy recuperando. Y fue aquí, en una noche de estudio del Evangelio, que recibí ayuda por primera vez. Nunca dejes de dedicar cariño y atención al

Evangelio en el Hogar. Es un bendito recurso de los cielos para guiarnos en la Tierra.

El señor Felipe se dio cuenta claramente que esas no eran las palabras habituales de Sueli. Doña Eugenia también lloraba, al notar inmediatamente la presencia de su amado hijo.

Después de algunas palabras más melancólicas, recomendó:

- Fabio necesita elegir mejores programas de televisión. Lo que vio antes de venir al Evangelio no debería ser visto por él ni por nadie más.

Fabio estaba asustado. Sueli no podía saber lo que estaba viendo, y su madre ya le había aconsejado varias veces que no eligiera ese tipo de programa, que no era apropiado para su edad.

Sergiño se dirigió entonces a su padre:

- Y tú, padre, sabes que te agradezco todo lo que hiciste por mí. Tu dignidad y tu carácter íntegro me enseñaron mucho. Solo te pido una cosa: no vuelvas a dudar.

El señor Felipe se derrumbó y rompió a llorar. Sergiño los abrazó uno a uno. Finalmente, con un suave beso en la mejilla de Sueli, agradeció:

- Gracias hermanita por renunciar a tu mediumnidad para poder hablar con todos los que pensaba tan profundamente.

Sueli respondió emocionada:

- ¡También te amamos muchísimo! No hay un solo día en el que no pensemos en ti, en el que no queramos volver a verte, aunque sea un poquito como ahora.

Sergiño concluyó:

- Me gustaría responder a todo lo que querías preguntar; sin embargo, necesito perdonarte, hermanita, que todavía eres joven y puede desgastarte demasiado.

En ese momento fue Lívia quien la guio:

- Intenta dormir, nada más terminar la tarea, para reparar tu energía. Estarás bien.

- ¿Qué dijiste que te cedí, Sergiño?

- Pídele a doña Eugenia que te lo explique.

- Está bien.

El equipo de rescate ya se había marchado, y fuera de la familia solo quedaba Teodoro, quien asistió a la reunión familiar. Sergiño y Lívia se despidieron y se marcharon, dejando una fuerte impresión en el corazón de los presentes, así como nuevas disposiciones interiores: mayor fe, mayor confianza y mayor coraje.

Regresaron al hospital. Sergiño permaneció largo rato en silencio, todavía muy emocionado. Finalmente, cuando llegaron a urgencias, dijo:

- Nunca pensé que sería posible comunicarnos de esa manera.

- Y es realmente difícil. Es que Sueli tiene una aguda sensibilidad mediúmnica, además de un vínculo muy fuerte contigo. El ambiente era propicio, estabas en buenas condiciones, en fin, todo era favorable.

- ¡Qué cosa tan maravillosa, Lívia!

Lívia abrazó cariñosamente a su primo y entró.

Pasaron el resto de la noche junto a Pauliño.

Capítulo 6
Incendio salvaje

Jacira llegó muy temprano. Pauliño aun dormía cuando ella se acercó suavemente a su cama, mirando con ternura el rostro sereno de su hijo. Le acarició suavemente la frente y él, abriendo los ojos, sonrió, feliz de ver en el rostro el amor de su madre.

-¿Dormiste bien, hijo?

Pauliño intentó sentarse, pero se sintió mal y volvió a acomodarse sobre la almohada:

- Hay un poco de ruido aquí, así que tardé un poco en caer dormido; luego dormí bien, sí. Soñé con ángeles cerca de mí.

Jacira sonrió y afirmó:

- Espero que muchos ángeles estén cerca de ti, por cierto.

Los dos estaban conversando cuando se acercó el médico que ingresó a Pauliño y saludó:

- Buenos días. Fue muy amable de tu parte venir temprano. Necesitamos conversar.

Angustiada, Jacira preguntó:

- ¿Está todo bien con mi hijo, doctor? ¿No tiene esta meningitis?

- No, no tiene meningitis. Hicimos varios exámenes, entre ellos...

Se detuvo, revisando varios tipos de análisis de sangre realizados sin haberlos solicitado. Luego continúa:

- Interesante... ¿Por qué mi colega de la noche pidió estas pruebas aquí...?

Jacira ya no pudo contenerse. Él insistió:

- ¿Está bien, doctor? Es solo un resfriado, ¿no?

El médico siguió comprobando los resultados de las distintas pruebas, sin responder. Luego, volviéndose hacia Jacira, le preguntó:

- Por favor, ven conmigo un momento.

Y salió hacia la puerta de la enfermería. Jacira miró a Pauliño y, sin decir nada, caminó rápidamente hacia el médico, que ya se alejaba. Cuando llegó hasta él, él la miró con expresión seria y le dijo:

- Tu hijo tiene un problema grave.

Jacira palideció. Sus ojos marrones se abrieron y casi sin respirar esperó para continuar:

- No sé si alguna vez has oído hablar de una enfermedad llamada pénfigo foliáceo.

- Penfi... ¿qué? No, doctor, nunca había oído eso. ¿Es grave? Dios mío... ¿qué tiene doctor?

- Le realizamos una serie de pruebas a tu hijo; ni siquiera pedí muchos de ellos, pero la persona de turno esa noche los solicitó al laboratorio. Esto es bueno, porque elimina cualquier duda. Realmente tiene pénfigo.

- ¿Y qué es este dolor, doctor?

- No te voy a mentir. Es una enfermedad ingrata, difícil de afrontar y será muy doloroso para su hijo.

- ¿Siente dolor?

- Debes sentirte muy incómodo; ardor, mucho ardor, como una quemadura.

- ¿Quemadura?

- Sí, esta enfermedad también se conoce como fuego salvaje, por la forma en que esparce burbujas por todo el cuerpo del paciente. De hecho, la situación se parece a la de una quemadura.

- Entonces debe estar sufriendo mucho. Pobrecito...

Jacira permaneció en silencio por unos momentos, esperando más aclaraciones por parte del médico. Él, sentado en una mesa, tomaba notas. Cuando terminó, entregó el papel en las manos temblorosas de Jacira, diciendo:

- Aquí está la receta de un analgésico. Debería aliviarle un poco en tiempos de crisis.

Muda, Jacira tomó la receta y siguió mirando al médico, quien la miró y luego, un poco avergonzada, intentó explicarle:

- Su hijo está siendo dado de alta ahora. No hay nada más que podamos hacer por él, el tratamiento de esta enfermedad es largo y no tenemos espacio en el hospital, ni personas capacitadas para tratarlo. Lo siento, pero tendrás que buscar ayuda de un especialista.

- ¿Qué quiere decir doctor? No entiendo... ¿Mi hijo está enfermo y usted no va a hacer nada? ¿No lo van a cuidar, a tratar su enfermedad hasta que esté bien? ¿Por qué?

- Los incendios salvajes son una enfermedad con tratamiento a largo plazo. No existe ningún medicamento que pueda curarlo de la noche a la mañana. Y no es una enfermedad que cause la muerte inmediata. Tu hijo tendrá el tiempo para encontrar una cura. Esta sala de urgencias está completamente llena de casos urgentes, de personas que han sufrido accidentes o tienen enfermedades agudas, que necesitan atención rápida o morirán. Lo siento, no puedo hacer nada más. Tu hijo ha sido liberado y ya puede irse a casa.

Dirigiéndose a una enfermera que acababa de acercarse, le preguntó:

- ¿Le hiciste los últimos exámenes al chico? ¿Presión, temperatura, etc.?

- Sí, está todo bien.

El médico se volvió hacia Jacira y concluyó:

- Está listo para irse. Lo siento señora, tengo un paciente esperando en la mesa de operaciones; es una niña de ocho años que tuvo un accidente. Necesito irme.

Y desapareció por el pasillo, dejando a Jacira parada en el umbral con la receta en las manos, completamente transformada. En ese momento Pauliño se acercó y tomó su mano:

- ¿Vámonos ahora, mamá?

- Vamos, hijo mío, vámonos a casa.

Caminaron por los pasillos que conducían a la salida.

Ya cerca de la puerta principal, Pauliño preguntó:

- ¿Qué tengo, mamá? ¿Estoy enfermo?

Sin saber qué responder, Jacira miró al niño y comenzó a llorar.

- ¿Qué fue? ¿Qué pasó?

- Nada, hijo, no fue nada.

- ¿Cómo no? ¡No puedes parar de llorar! ¿Qué pasó?

- Tienes una enfermedad con un nombre extraño, que ni siquiera recuerdo. Espera, creo que él lo escribió... Es esto aquí: incendio salvaje.

-¿Cómo es eso?

- Incendio salvaje; dijeron que tienes esto, hijo mío.

- ¿Y qué es eso, mamá? ¿Cómo contraje esta enfermedad?

- No lo sé, no dijeron nada, nada. Estoy agotada.

- ¿Por qué? Tomaré medicina y sanaré.

Jacira se fue de la mano de su hijo, en silencio, sin saber qué hacer. Pauliño hablaba sin parar, a veces preguntando, a veces afirmando que pronto sanaría; pero cuando se dio cuenta que su madre parecía distante, sin responder a sus preguntas ni hacer observación alguna sobre sus comentarios, él también guardó silencio. Su corazón se apretó y un miedo repentino se apoderó de él. Intuyó, por el estado de la madre, que la enfermedad era grave.

Sergiño y Lívia acompañaron a madre e hijo en su camino a casa. Ya cerca de la sencilla casa, Sergiño protestó, indignado:

- ¿Cómo puede actuar así alguien que se dice médico, Lívia? ¡Es inaceptable!

- Es un asunto muy delicado. Viste que tuvo que tratar a varios pacientes en condiciones de emergencia, ¿no?

- Sí, pero ¿y qué? Pauliño también es un ser humano, tan importante como los demás.

- Sin duda lo es. Aunque no estoy de acuerdo con la forma en que el médico manejó el problema, en realidad estaba preocupado por los casos más urgentes que le esperaban. De hecho, todo el hospital deja mucho que desear en cuanto a los recursos disponibles. Allí, un gran número de pacientes dependen de profesionales la mayor parte del tiempo agotados, sin motivación y sin recursos materiales para trabajar. Aun así, salvan muchas vidas.

- Podría haber sido un poco más caritativo, le explicó a Jacira las características de la enfermedad y cómo afrontarla.

- Ese médico tiene un hijo de la edad de Pauliño y quedó profundamente perturbado por el diagnóstico. Estaba tan asustado que hizo todo lo posible para desviar la atención lo más rápido posible.

- ¿Por qué eso?

- Por miedo.

- ¿Miedo, de qué?

- Algo que no sabe y no puede entender ni explicar.

- No entiendo, Lívia.

- El pénfigo es una enfermedad autoinmune; es decir, es generada por el propio organismo que es atacado.

- El propio organismo de Pauliño creó la enfermedad, de repente, de la nada... ¿Es eso?

- Eso mismo. La mayoría de las veces, eso es lo que sucede. También se cree que las picaduras repetidas de cierto tipo de insectos provocan esta reacción, aunque no todos los casos se pueden explicar así, lo cierto es que el organismo del paciente comienza a producir anticuerpos que atacan a su propio organismo. Como en la medicina tradicional no hay una explicación clara, el médico estaba realmente perturbado y quería eliminar el problema lo más rápido posible. No tenía la madurez emocional para lidiar con él, pues sus conocimientos y experiencia son insuficientes para afrontar una situación como esta. En cualquier caso, no pudo atender a Pauliño en urgencias.

-Pero podría haber guiado mejor a Jacira sobre cómo buscar ayuda.

- Sí, sin duda, podría haberlo hecho.

Los dos guardaron silencio y observaron a la madre de Pauliño subir las escaleras que conducían a la entrada de la casa. Se arrastró escaleras arriba, llevándose al niño con ella, que parecía aun más devastado que cuando salió del hospital.

Capítulo 7

Otro intento

Tan pronto como entró, Jacira miró a su alrededor y notó la ausencia de las demás criaturas; deben estar con doña María, pensó, mientras suspiraba aliviada al encontrar la casa vacía. Se sintió oprimida y asustada, temiendo por el futuro del hijo con quien tenía una estrecha relación.

Pauliño se sentó en la improvisada cama donde dormía y se acomodó en la fina almohada, preguntando:

- Mamá, ¿puedo quedarme en casa hoy? No quiero ir a los semáforos... Estoy cansado...

Lágrimas pesadas corrieron por el rostro de Jacira, que acercándose al lavabo, intentó disimularlo, al tiempo que consintió:

- Y por supuesto, hijo. Hoy descansas.

Rebuscó en el fregadero sucio, sin tener el valor de lavar ni un solo tenedor. De vez en cuando se limpiaba las lágrimas que le mojaron la cara. Estuvo en silencio durante mucho tiempo. Finalmente, Pauliño, preocupado, rompió el silencio:

- ¿Y ahora mamá?

- ¿Y ahora qué, chico?

- ¿Cómo voy a curarme de lo que tengo, mamá? Quiero estar bien pronto, para poder trabajar, ayudar aquí en casa... No puedes hacerlo todo sola...

Sin volverse, Jacira respondió suspirando:

- Aun no sé qué vamos a hacer, pero lo vamos a hacer de alguna manera. Tiene que haber una manera de cuidarte. Ahora mira si puedes descansar un poco. Voy a casa de doña María para saber de tus hermanos.

Jacira salió y fue directa a casa de su amiga, contándole todo lo sucedido. Doña María le aconsejó que buscara otro hospital lo antes posible.

Mientras las dos mujeres conversaban, Sergiño y Lívia intentaron fortalecer a Pauliño, aplicando pases por todo el cuerpo adolorido del niño, que quedó envuelto por una profunda sensación de confort y se durmió plácidamente.

Tan pronto como el pequeño se durmió, Sergiño preguntó:

- ¿Que hacemos ahora? ¿Quién nos ayudará?

- Quédate tranquilo; buscaremos una manera de ayudarlos.

-Pero, ¿cómo?

- Hoy iremos al núcleo espírita en la entrada de la favela, Sergiño.

El chico asintió y se sentó cerca de donde reposaba la cabeza de Pauliño; mirando al niño con cariño, comentó:

- ¿No tiene idea de lo que le pasa?

- Bueno, en el fondo lo sabe...

- ¿Lo sabe realmente, Lívia?

- Sí. Su alma es consciente de la situación real; simplemente no puede transferirlo a la mente consciente de Pauliño. Necesita todas las fuerzas disponibles en su pequeño ser para superar este mal que le afecta y agota sus energías vitales.

- Debemos actuar rápidamente...

- Tranquilos, tengamos fe y confianza en nuestro Padre, que nunca abandona a una sola de sus criaturas. Pauliño superará esta enfermedad; sin embargo, el aprendizaje es necesario.

Al cabo de un momento, Sergiño dijo con un suspiro:

- Es un castigo... Ya tiene una vida tan dolorosa...

¿Por qué aun más dolor?

Lívia sonrió, tocó la mano de su primo y dijo:

- Sabemos que todo saldrá por el bien de nuestros hermanos. Confiemos y ayudemos.

Sergiño guardó silencio, pensativo.

Jacira volvió con los demás niños y, colocándolos uno a uno en el cuartito, preguntó a María del Socorro, de ocho años, y a María de Jesús, de siete:

- Cuiden la casa, a sus hermanos menores y a Pauliño, que está enfermo. Tengo que ir a planchar ropa para mi jefe, que se va y me pidió que no faltara.

Las dos niñas miraron a su madre con miedo; María del Socorro preguntó, angustiada:

- ¿Y si empeora?

- No empeorará, hija. Me tengo que ir. No salgas de casa y no descuides a tus hermanos. Doña María pasará por aquí más tarde.

Con el corazón oprimido y adolorido, Jacira se fue dejando a la familia al cuidado de las dos niñas. Cuando regresó tarde en la noche, se sintió aliviada al ver que doña María había preparado un poco de sopa de pollo y ya había acostado a todos.

- Doña María, no sé ni cómo agradecerte, eres un ángel, ¿qué haría sin tu ayuda?

- Dios le enviaría a alguien más. Eres esforzada, Jacira, realmente necesitas ayuda. Mira, todos se arrinconaron un poco y el bebé tomó leche. Ahora Pauliño tiene fiebre muy alta.

- ¿Tiene fiebre? ¿Estás segura?

- Ven a ver; está ardiendo.

Jacira tocó levemente con su mano derecha la frente del niño y se desesperó:

- ¡Tiene tanto calor! Dios mío, ¿qué voy a hacer?

Se sentó junto a su hijo, puso las manos en las rodillas y lloró. Doña María se tocó el pelo y preguntó:

- No desesperes hija, Dios te protegerá.

Alzando la cabeza, con los ojos enrojecidos, Jacira reaccionó indignada:

- Creo que Dios se olvidó de mí, señora María. ¡Mira qué vida así! Y; sin embargo, esta extraña enfermedad de Pauliño; entonces, quién me pueda ayudar... La vida es muy injusta, doña María, muy injusta. Me esfuerzo mucho, ¿y para qué? No sirve de nada...

- Hija mía, la desesperación nunca es buena consejera. ¡Ten fe!

Jacira estaba pensativa; Momentos después se levantó y dijo:

- Mañana voy a llevar al niño a otro hospital. Probablemente tenga meningitis... Debe tener fiebre alta... Lo voy a llevar temprano. ¿Puedes quedarte con los demás?

- Sí, sí, ve con Pauliño a donde necesites.

En los días siguientes, madre e hijo iniciaron un tormentoso vagar de hospital en hospital, buscando tratamiento para el niño, que empeoraba cada día.

Mientras tanto, Sergiño y Lívia trabajaron duro para aliviar el dolor físico de Pauliño, al mismo tiempo que intentaban transmitir aliento y esperanza al corazón cansado y abatido de Jacira. Los dos jóvenes también buscaban el apoyo del equipo espiritual del Centro Espírita cerca de la casa de Pauliño. Desde el primer día fueron recibidos con cariño por el instructor de la institución, quien les respondió rápidamente, enviando algunos trabajadores más a la casa de la familia, con el objetivo de revitalizar la salud del cuerpo del niño.

En la primera visita, después de la intensa actividad de transmitir fluidos revitalizantes, Noe - uno de los trabajadores - comentó:

- La energía en la casa es muy pesada. Sería importante que bebieran agua fluidificada para ayudar a fortalecer al niño.

Sergiño preguntó:

- ¿Y no podemos fluidificar el agua aquí mismo?

- Podemos; sin embargo, nuestra posibilidad de transmisión fluidica, en este lugar, será muy reducida. En nuestra institución el ambiente se prepara con mucho amor; las energías son constantemente purificadas por el intenso trabajo de adoctrinamiento y desobsesión que realizamos. Allí recibirían una ayuda más eficaz.

Lívia comentó:

- Sí, sin duda necesitamos conducirlos hasta ti.

- Es primordial - reforzó Noe. Sergiño dijo:

- ¿Qué pasa si mi madre no lo acepta? Ya lo intentamos.

Lívia respondió enfáticamente:

- Intentémoslo de nuevo. Y tantas veces como sea necesario hasta que podamos convencerla.

Las visitas del grupo espiritual a la Casa de los espíritus continuaron durante varios días, hasta que una noche Noé comentó:

- Logramos involucrar a un grupo de trabajadores encarnados, que mañana visitarán algunas casas, trayendo comida y ropa. Seguramente vendrán aquí. Nosotros necesitamos también que influyan en Jacira para que los reciba y los escuche.

Emocionado, Sergiño preguntó:

- ¿Siempre vienen aquí?

- No, será su primera experiencia dentro de la favela.

Lívia sonrió y dijo:

- Debes haber tenido mucho trabajo para persuadirlos.

- Fueron varios días de implicación e intuiciones, hasta que se registró nuestros sentimientos. Lo que les sugerimos en sueños, no podían recordarlo más tarde. Fue un trabajo duro, pero el resultado justifica plenamente nuestro esfuerzo.

Lívia abrió una gran sonrisa y mirando a Noe dijo:

- Que Jesús te bendiga, hermano mío, por la compasión que veo en sus corazones. Esperemos que nuestras hermanas tengan éxito.

- Seguiremos de cerca nuestro trabajo para inspirarles, siempre que sea necesario. No estarán solas.

Lívia respondió:

- Y nunca estaremos solos.

La tarde siguiente, Jacira estaba bañando a sus hijos cuando tocaron la puerta. Ella gritó:

- Pauliño, ve a ver quién es...

Al abrir la puerta, el niño se enfrentó a las tres damas bien vestidas y se sintió avergonzado. Una de ellas preguntó:

- Hola, ¿está tu madre en casa? ¿Podríamos hablar con ella?

Con ternura, Pauliño miró hacia dentro y hacia atrás. Las visitantes, insistieron:

- No te preocupes, queremos saber si necesitan algo... Aquí tenemos comida y medicinas... Ya hemos visitado a varios de tus vecinos y a esa señora de la casa de abajo, doña María, nos dijo que podrías necesitar ayuda...

Jacira llegó a la puerta secándose las manos y preguntó:

- ¿Qué pasa?

Una de las señoras aclaró:

- Somos parte del grupo espírita aquí en el barrio; vinimos a traer comida y medicinas y doña María nos dijo...

Jacira no dejó terminar y negó:

- Mire señora, no necesitamos nada, no. Gracias.

Estaba a punto de cerrar la puerta cuando la señora, inspirada por Noé y Lívia, añadió, mirando a Pauliño:

- Sé que estás pasando por un momento difícil y necesitas ayuda. Vinimos debido a ustedes...

Jacira abrió mucho los ojos asombrada y fue enfática:

- Realmente no nos falta nada; creo que está equivocada.

- Tenemos comida, algunos medicamentos básicos para el dolor, la fiebre, la gripe y...

Jacira volvió a rechazarlo, cerrando lentamente la puerta:

- Pueden buscar a alguien más que les ayude; no necesitamos nada... Pauliño se quedó quieto, mirando a su madre sin entender su reacción. Jacira volvió a la bañera y, al tirar el agua, se quejó:

- ¡Ya se enfrío! Ahora voy a tener que calentarlo de nuevo...

Sin decir nada, Pauliño abrió la puerta y corrió detrás de las mujeres que caminaban lentamente hacia otra casa. Al llegar a ellas, dijo:

- Doña, lo siento por mi madre, está muy cansada y nerviosa.

Sonriéndole, Sonia, la misma que había hablado con Jacira respondió:

- Entiendo, no te preocupes. ¿Necesitas algo?

Pauliño bajó los ojos. Luego, llenándose de valor, se quitó la remera y la blusa que ocultaban las manchas y las burbujas y dijo:

- ¡Estoy enfermo, señora, mire! Y nadie quiere tratarme.

Sonia palideció al ver la situación del chico, lo mismo ocurrió con las dos damas que la acompañaban. Pero no tuvieron tiempo para decir nada; Jacira los alcanzó y, cogiendo a Pauliño del brazo, gritó:

- Ponte la ropa y ven.

Deteniéndose, gritó:

-No quieres que me cure, ¿es eso? Tengo miedo, mamá. Me duele mucho. Y cuando alguien quiere ayudarnos ¿no se lo dejas?

Las tres damas permanecieron en silencio, mientras Jacira arrastró al niño, quien se resistió:

- Déjame hablar con ellas... Déjame ayudar...

Todo el esfuerzo es inútil. Jacira, inflada, llevó a Pauliño de regreso a la casa, dándole también algunas bofetadas por desobedecerla, el niño entró llorando y gritando que quería ayuda.

Luego que los dos desaparecieron, Sonia comentó a sus compañeros:

- Creo que el chico tiene un incendio salvaje.

-¿Estás segura?

- Yo creo que sí.

-¿Cómo lo sabe?

- Hace poco estuve en Uberaba, visitando el Hogar de la Caridad, propiedad de nuestra querida doña Aparecida. ¿La conoces?

- Ya escuché hablar de ella.

- Yo también.

- Vi pacientes en una condición muy similar a la de este niño. No creo que sepan qué es, ya que esta enfermedad aun es desconocida para la mayoría de la gente y da mucho miedo.

- Pobre... Se nota que tiene mucho miedo - dijo una de ellas.

Después de un largo silencio, Sonia concluyó:

- Creo que realmente necesitamos hacer estas visitas. Continuaremos orando por las familias que conozcamos y esperando otra oportunidad para colaborar.

Capítulo 8
Cuidando a Sergiño

Cuando Jacira entró en la casa arrastrando a su hijo, Sergiño, que venía detrás de ella, se rebeló:

-¡No lo creo, Lívia! Por eso será difícil ayudarlos. ¡Como esta mujer es cabeza dura! ¡No acepta la ayuda que intentamos darle! No lo lograremos...

Lívia sonrió cariñosamente a su primo y le dijo:

- No podemos rendirnos, Sergiño.

- Si ella no lo acepta, ¿cómo lo vamos a hacer? Todos nuestros esfuerzos están siendo inútiles, ella no quiere...

- Para casi todos nosotros, el viaje por la Tierra sigue siendo difícil; somos muy imperfectos, llenos de ilusiones y fantasías sobre nosotros mismos. No es por eso que aquellos que ya nos han precedido en el camino evolutivo se dan por vencidos. Siempre están dispuestos a ayudarnos, guiarnos y apoyarnos, no importa cuán reacios seamos y cuán difícil sea que hagamos precisamente lo que necesitamos recibir. Somos así.

Un poco más tranquilo, asintió, mientras observaba a Jacira y Pauliño:

- Creo que tienes razón.

Lívia se acercó a Pauliño e invitó a su primo:

- Ven, animémoslo; Pauliño está irritado, confundido y ansioso. Este estado emocional empeorará su condición orgánica. Necesita serenidad, amor y fe, para poder recuperar su salud física.

Con un poco de mala gana, Sergiño se levantó y se acercó al niño para observar trabajar a su prima. Lívia preguntó:

- Deja ir ese sentimiento de desaprobación e irritación. No juzgues a tus hermanos, solo ayúdalos.

Sergiño dijo:

- No consigo. Estoy enojado con Jacira por no respondernos y dejar que su hijo sufra así. No puedo aceptar, como tú, que esto sea normal, natural.

- No dije que sea normal, Sergiño; sin embargo, es así que son las cosas. Esto es lo que somos y aceptarnos a nosotros mismos y a los demás.

La mejor manera de reformular nuestro interior. Si no nos aceptamos a nosotros mismos, ¿cómo podemos encontrar los puntos fundamentales donde tenemos que hacer cambios dentro de nosotros mismos?

Sergiño guardó silencio. Lívia rodeó a Pauliño en suaves vibraciones de paz y amor, buscando aliviar la ansiedad del niño. Sergiño no pudo ayudarla.

En los días siguientes, el estado de Pauliño empeoró. Lívia y Sergiño permanecieron en la casa, esperando la oportunidad de ayudar. La actitud rígida e inflexible de Jacira había distanciado aun más a los dos jóvenes, impidiéndoles enviar intuiciones al corazón de su madre. Se sentía amargada, triste y desesperada. Empezaba a cuidar menos a sus hijos, dejándolos sueltos en la calle; Pauliño, a pesar de estar débil, fue quien pidió a sus hermanas que prestaran más atención a los pequeños.

A su vez, Sergiño se mostró impotente. En vano Lívia intentó discutir sobre la importancia de permanecer firmes en la fe, creyendo en el bien que recibirían, incluso antes de verlo realizado. Sergiño no respondió a sus llamamientos, quedando desanimado y profundamente abatido.

- Muy bien, parece que tú, de la misma manera que Jacira, te niegas a escucharme.

- No es eso; me siento cansado. Últimamente me molesta más el dolor en el pecho... No tengo fuerzas...

- Solo porque sea difícil no significa que no tendremos éxito.

- Yo se. Solo necesito descansar. ¿No podemos ir un rato a mi casa? Quizás con mi familia pueda recuperarme más rápido.

Lívia pensó por un momento y dijo:

- Creo que realmente necesitas salir un poco de este ambiente. Ven conmigo, te llevaré a conocer un lugar muy especial.

Incómodo porque solo quería volver a ver a su familia, insistió:

- Vamos a mi casa, Lívia, solo quiero ir para esto.

- Esa ya no es tu casa, Sergiño. Ahora eres residente del plano espiritual, no lo olvides.
Ven conmigo; Tenemos trabajo que hacer y debemos fortalecernos.

Todavía molesto, Sergiño acompañó a su prima en silencio. Pronto entraron en la modesta, pero organizada construcción. En la puerta Lívia saludó a unos sonrientes trabajadores que custodiaban la entrada:

- ¿Cómo estás hermano? Vinimos a conocer el trabajo de la institución. Soy Lívia y este es Sergiño. Estamos ayudando a un niño de São Paulo, llamado Paulo.

El joven que los recibió respondió:

- Ya nos habían avisado que vendrían. Por favor entren.

Fueron remitidos a una joven que recorrió con ellos la institución, el ambiente, a nivel espiritual, era de amor, belleza y armonía. Muchos trabajadores iban y venían, tomando medicinas, ayudando a entidades enfermas y dementes. Sin embargo, la belleza del lugar era sublime y estaba presente en todas partes. Flores encantadoras decoradas. y perfumaba los diversos ambientes, mientras una luz intensa se derramaba desde el cielo sobre los pacientes encarnados. En cada habitación una suave melodía podía ser escuchada por los seres espirituales, y muchos de los pacientes encarnados, con mediumnidad auditiva y en adecuada afinación, también la registraban.

Sergiño preguntó:

- ¿Dónde estamos, Lívia?

- ¿Aun no lo has descubierto?

- No.

- Estamos en el Hogar de la Caridad.

- ¿El Hospital de los incendios salvajes?

- Entre otras actividades, el Hogar de la Caridad acoge a pacientes con pénfigo.

- ¿Entre otras actividades?

- Tú verás.

Sergiño miró hacia una habitación, justo en la entrada de la institución, y notó la luz deslumbrante que emanaba de él.

- ¿Qué hermosa luz es esa? - Preguntó el chico que los acompañaba. La joven sonrió:

- ¿Estás impresionado con ella?

- Lo estoy.

- Ven a conocer a doña Aparecida.

A Sergiño le costó entrar en la habitación donde se encontraba doña Aparecida, el resplandor que irradiaba de ella era tan fuerte que necesitó unos momentos para adaptarse.

Sentada en un sillón, con toda su sencillez, doña Aparecida hablaba a una mujer enferma, recomendándole fe y perseverancia. Era una mujer de mediana edad. Sergiño miró a la chica que los acompañaba, tratando de entender qué estaba pasando. Ella aclaró:

- Esta hermanita intentó suicidarse ayer. Afortunadamente logramos conmover corazones sensibles y ella no ingirió todo el veneno que había preparado. Estuvo muy enferma, pero ya se encuentra fuera de peligro. Fue abandonada por su familia, quienes no la visitaron ni le enviaron noticias. Ella no soporta el dolor del anhelo y, especialmente, del abandono. Quiere acabar con su propia vida y ciertamente no se ha rendido todavía de su intención.

Lívia, con el propósito de brindarle información a su primo, preguntó:

- ¿Y situaciones así son frecuentes por aquí?

- Muy frecuentes. Hay casos raros en los que los pacientes renuncian inmediatamente. Siempre requieren de nuestra intervención y ayuda. Afortunadamente, la gran mayoría logra recuperarse, cuando la curación del alma comienza a producirse.

Sergiño, con la mirada fija en el interlocutor, escuchó atento. Después de recorrer las salas, conocer a los internos - más de cien pacientes - y el resto de actividades de la institución, Lívia pidió hablar con uno de los responsables del Hogar de la Caridad a nivel espiritual. Pronto regresó y le dijo a su primo:

- Sergiño, creo que te será de gran utilidad quedarte aquí algún tiempo.

-¿Y tú?

-Voy a casa de Pauliño y luego haré algunas tareas que requieren mi atención. Creo que unos días te bastarán aquí. Intenta conocer de cerca todas las actividades. Pronto se sintió mucho mejor.

Sin discutir, el chico asintió, ahora más emocionado:

- Está bien.

- Muy bien, volveré pronto.

Y despidiéndose de todos, Lívia se fue.

Capítulo 9
El Hogar de la Caridad

Era tarde y el hospital de pénfigo de Uberaba solo se calmaba unas cuantas veces. En el plano espiritual, las tareas continuaron sin cesar. Un gran número de trabajadores entraban y salían de actividades de todo tipo.

Casandra, la chica que recibió a Sergiño y Lívia, invitó al chico:

- Si quieres descansar, disponemos de un salón en la parte trasera donde podrás reponer energías. Pero, si lo deseas, sígueme; tenemos mucho trabajo aquí.

- Estoy viendo. Nunca antes había estado en un lugar de la Tierra donde el trabajo en nuestro plano fuera tan intenso.

- Es cierto, aquí nuestro servicio es constante.

- ¿Y eso por qué? ¿No serían importantes también otros lugares?

Ella sonrió y respondió:

- Por supuesto que sí. Sin embargo, aquí tenemos la bendición de la vida desinteresada de doña Aparecida. Es un canal maravilloso para que podamos influir en el plano terrenal. Ella está siempre disponible, con su corazón generoso, dispuesta a ayudar, a seguir nuestras intuiciones. En definitiva, no nos deja perder ni una sola oportunidad. De esta manera siempre llegan refuerzos. Aquí también nos sentimos cansados a veces. Pero ella, doña Aparecida, por increíble que parezca es una inspiración para todos. Podrás ver a la incansable dama en acción. Es admirable. Ella no se desanima por cualquier obstáculo. Lucha. Lucha siempre; y, a su vez, no dudamos en enviarles todo el apoyo que podamos.

Casandra hizo una pausa, reflexionó un poco y añadió, conmovida:

- Este hospital, en el plano material, es la respuesta del Altísimo a las súplicas de muchos de nuestros hermanos que vinieron al planeta en pruebas difíciles. El fuego consume el cuerpo, como llamas, y normalmente esconde un espíritu que se siente culpable y se castiga hasta el punto de generar la enfermedad; como ya sabrás, Dios siempre escucha a quienes lo invocan. Así, algunos hermanos, movidos por la compasión y la elevación, en nuestro plano, idealizaron la institución y comenzaron a buscar quién sería su representante en la Tierra.

Sergiño escuchaba lleno de atención y curiosidad. Ella continúa:

- La búsqueda fue larga y llevó mucho tiempo. No había nadie dispuesto a dar su vida por esta tarea. Hasta que, finalmente, una de estas almas se ofreció, en el plano espiritual, reencarnar y cumplir la delicada misión. Fue vigilada de cerca y en el momento adecuado, bajo el fuerte magnetismo de nuestro hermano Chico Xavier, llevada a Uberaba, donde encontró la psicósfera espiritual apropiada para comenzar su tarea. Y ella no lo dudó. Nunca dudó. Se enfrentó a todo tipo de dificultades y prejuicios que puedas imaginar, sin nunca desanimarse. Su vida, toda ella, es un ejemplo de amor, fe y valentía.

Secándose las lágrimas de emoción y respeto que corrían por su rostro; Casandra concluyó:

- Y aquí estamos todos estos hermanos que puedes ver, dedicándonos también, aprendiendo de ella la preciosa lección del amor al prójimo puesto en práctica.

Sergiño estaba encantado. La narrativa de Casandra fue atractiva y él se sintió vigorizado. Luego dijo:

- Si es posible me gustaría acompañarte en actividades, me gustaría aprender. Tengo mucho que hacer para mejorar, sabes...

todavía siento fuertes dolores en el pecho, por la forma... sabes... que desencarné...

-¿En serio?

- Sí.

Tocando su brazo con extrema suavidad y bondad, Casandra lo animó:

- No te desanimes por esto. La mayoría de nosotros todavía llevamos profundas marcas de experiencias recientes en la Tierra. Los que llegan aquí sin ellos son muy radicales. No estás solo y la mejor medicina que conozco para este mal es el trabajo. Vamos. Comenzará la noche del Evangelio.

-¿Noche del Evangelio?

- Sí. Al lado tenemos la casa espiritual vinculada a la institución: el Centro Espirita Dios y Caridad. Vamos.

Sergiño siguió, conmovido, el servicio evangélico que se realizaba semanalmente. Además de contar con la ayuda del Hogar de la Caridad, sus familiares y algunos colaboradores, muchas personas de la comunidad participaron en el encuentro, buscando alivio para sus enfermedades.

Con sencillez y pureza se realizó el estudio del Evangelio, y muchos fluidos espirituales saludables y tonificantes se derramaron sobre los presentes, llenando el ambiente de paz, armonía y suavidad.

Sergiño observó el estado de muchos pacientes cuando llegaron a la sala y, después de la bella y sencilla noche, registró su aspecto sensible y visible mejora, en forma de alivio y serenidad.

Cuando salieron en amena charla, le comentó a Casandra:

- Quedé muy impresionado por la belleza de este servicio evangélico; pero lo que más admiré fue la actuación de doña Aparecida, que daba pases a los presentes sin dejar de trabajar ni un momento.

- Ella realmente es infatigable y aun no la has visto.

- Al final me pareció "cansada..."

- Su cuerpo físico no puede seguirle el ritmo completamente. Le pide descanso, pero ella no cede; no se retira hasta brindar atención a todos los internos.

-¿Todos los días?

- Todos los días. Y ella es la primera en levantarse temprano en la mañana.

- ¡Qué soplo de aire fresco!

- No es aliento, Sergiño. Es amor y compasión por los que sufren.

Sergiño no encontró qué responder.

En los días siguientes observó de cerca todas las tareas que realizaba doña Aparecida. Fue testigo de las enormes dificultades que ella enfrentaba en la gestión de la parte material de la institución: la falta de dinero, los hermanos sin escrúpulos que se aprovechaban de ella para autopromocionarse, los desacuerdos entre los empleados y voluntarios, que a menudo estaban descontentos con los pacientes.

Esa mañana presenció la conversación de doña Aparecida con uno de sus empleados. Ella la instó:

- No puedes defenderte, hija mía. Ellos están enfermos.

- ¿Y por eso nos pueden tratar así? No estoy de acuerdo.

-Ten paciencia, ellos están profundamente entristecidos por la situación en la que se encuentran. Les llevará algún tiempo mejorar, pero si Dios quiere, todos sanarán.

La joven se enfurruñó. Doña Aparecida finalmente suspiró y dijo:

- Vamos, puedes volver a trabajar y tener más paciencia. No respondas a ningún insulto, solo quédate callada y cuéntame qué pasa.

La joven se levantó y, todavía irritada, respondió:

- ¡No voy a dejar que nadie me ataque, de ninguna manera! ¡No me pagan por esto!

Y se fue sin mirar atrás. Doña Aparecida fue a la puerta, siguiendo con la mirada a la joven que desapareció por el pasillo que conduce al interior del edificio. Luego, volvió a sentarse y habló en voz baja:

- Esta no sirve... Puedo verlo todo... Tendré que cambiarla...

Luego bajó la cabeza y juntó las manos, orando en silencio. Desde su corazón, luces azules y rosas salieron disparadas en todas direcciones; En unos momentos, rayos plateados brotaron desde arriba, envolviendo su cuerpo y su mente. Sergiño contemplaba el espectáculo deslumbrado. Finalmente, se levantó y volvió a sus actividades.

El chico aun permaneció en la habitación, sintiéndose envuelto en suaves energías. Casandra apareció y lo sacó de su ensoñación:

- ¿Cómo estás? Pareces lejano.

- No, me fascina el fino cuadro de una sencilla oración de doña Aparecida.

Casandra sonrió. Luego preguntó:

-¿Por qué los pacientes son tan difíciles? ¿Por qué contraer esta enfermedad? ¿Por qué y cómo terminaste aquí?

- Este lugar es un alivio para el dolor de muchos hermanos sin recursos. Mucha gente se cansa de buscar atención en otros hospitales, que no los aceptan.

-¿Y por qué?

- El tratamiento del pénfigo es complejo y largo en la mayoría de los casos.

- ¿Todos tienen cura?

- La gran mayoría sí, pero lleva mucho tiempo. Es el alma que necesita ser tratada, sobre todo.

-Entiendo...

Se quedó en silencio por un momento y luego hizo otra pregunta.

- ¿Y son todos tan difíciles de tratar?

- Muchas de ellas son almas que padecen graves procesos obsesivos. Además de las enfermedades físicas que trajeron al cuerpo, estas almas llevan profundas marcas del pasado delincuente. Y aquí, en brazos de doña Aparecida, que obtienen el consuelo que tanto necesitan y, en muchos casos, la cura tan deseada.

Sergiño se quedó pensativo. Esa noche contemplaba el hermoso cielo tachonado de estrellas, cuando Casandra se acercó y le invitó:

- Doña Aparecida está empezando a realizar pases, ¿quieres participar?

Estaba entusiasmado:

- ¿Realmente puedo? Escuché que solo los empleados más experimentados están invitados a esta actividad.

- Es verdad. Sin embargo, como has sido muy dedicado, el responsable de la tarea te invitó, creyendo que sería útil para tu aprendizaje.

Entraron de inmediato. Doña Aparecida había salido de una de las habitaciones y se dirigía a otra, donde estaban cuatro mujeres de diferentes edades El ambiente era pesado y tenso. Casandra le dijo al niño:

- Mira esa hermana nuestra al fondo. ¿Ves? Está bajo una fuerte influencia espiritual negativa. ¿Puedes ver?

Centrando su atención en la hermana indicada, respondió:

- Sí, ya veo. ¿Y dónde está el obsesor?

- Aquí no se puede entrar, pero la influye desde lejos.

- Tiene una fuerte ascendencia.

- Y de larga data.

Doña Aparecida administró pases a cada uno de los pacientes, envolviéndolos con intensos fluidos curativos y reparadores. La mayoría se calmó y sintió un gran alivio en estos momentos. Los pases representaron una parte integral e importante del tratamiento del paciente[1].

De repente, esa hermana de atrás comienza a gritar descontroladamente y amenazar a los presentes:

- ¡Yo acabaré contigo! ¡Tú me las pagas!

La mujer, que era delgada y débil, parecía vencida por una fuerza tremenda y agarró a doña Aparecida por el cuello, intentando estrangularla, mientras gritaba:

- ¡Especialmente tú, negra! ¡Te acabaré ahora mismo!

Doña Aparecida, igualmente en trance, dijo:

- Incluso puedes acabar con este cuerpo, hermano mío, y esto hará que nuestra hermana esté más rápidamente a tu lado, para intentar ayudarla nuevamente. Déjala y recibe también el apoyo espiritual que esta casa tiene para ofrecerte. No pierdas la oportunidad...

Con impresionante facilidad, doña Aparecida se liberó de la mujer, que cayó al suelo con todas sus fuerzas, como si hubiera sido arrojada allí. El encargado y los dos asistentes la acostaron de nuevo en la cama y, con más pasadas, la dejaron durmiendo profundamente.

Después de un tiempo más de servicio, finalmente se terminó el trabajo. Doña Aparecida se retiró.

Si los días estaban ocupados, lo mismo ocurriría con las noches. Y Sergiño empezó a admirar cada vez más a esa mujer sencilla que escondía un alma de generosidad ejemplar.

Había pasado aproximadamente un mes cuando llegó Lívia y encontró a Sergiño ocupado, tratando de rescatar algunas entidades espirituales en una situación deplorable. Aprobó su compromiso y lo saludó apenas finalizada la actividad:

- Veo que estás listo para reencontrarte con Pauliño.

- Hola Lívia, ¡qué placer! El tiempo pasó rápido.

1

- Sí... Hay mucho trabajo por aquí, y mantiene ocupadas nuestras manos, nuestra mente y nuestro corazón.

- Sí, mucho trabajo...

Lívia abrazó cariñosamente a su primo y le dijo sonriendo:

- Me alegro de verte bien.

Sergiño le devolvió su dulce sonrisa, observando:

- Lívia, estoy muy impresionado con doña Aparecida. ¡Ella es incansable!

- Ella nos conmueve y nos inspira.

- Es verdad.

- Ahora que estás mejor, ¿qué tal si mañana volvemos a São Paulo?

- ¿Tan rápido?

- El estado de Pauliño está empeorando. Si no actuamos rápidamente, puede que sea demasiado tarde...

- ¿Por qué, demasiado tarde?

- Podrá abandonar el cuerpo físico antes del tiempo deseado.

Sergiño se puso serio y dijo:

- Así que vámonos ya, no podemos dejar que esto pase...

Lívia estuvo de acuerdo:

- Vean de esta manera, despidamos a nuestros queridos amigos, a quienes pronto volveremos a ver, si Dios lo permite.

- ¡Ahora mismo!

Capítulo 10
Ayuda a las prisas

Jacira frotaba fuerte con el paño húmedo sobre el frigorífico. Limpió y volvió a limpiar, sin prestar atención a lo que hacía. La señora de la casa estaba ocupada preparando el almuerzo. De repente, notó que el jornalero que había trabajado para ella durante años estaba completamente distraído. Él se detuvo y la miró durante un largo rato. Jacira se mantuvo en el repetitivo movimiento de limpieza. El jefe, entonces, preguntó:

-Jacira, ¿qué te pasa?

La señora ni siquiera escuchó y continuó con lo que estaba haciendo. La propietaria de la casa reiteró, con indiferencia:

- ¡Jacira, te hablo a ti, mujer!

Como si despertara de repente, Jacira respondió:

-Ah, lo siento, señora Mirtes.

- No, no te disculpo. Han pasado días desde que noté tu descuido, su falta de atención. Así no funcionará, Jacira, ¿qué te pasa?

- Lo siento señora Mirtes, tengo serios problemas en casa y...

La patrona la interrumpió con indiferencia:

- Todos tenemos problemas, hija mía; y cada uno se ocupa de lo suyo. Te ayudo mucho. Siempre te doy muchas cosas, hago todo lo que puedo y no lo reconoces. No quiero saber de tus problemas, yo ya tengo los míos. Necesito a alguien que realmente cuide la casa.

Pasando las yemas de los dedos por debajo del alféizar de la ventana, en uno de los frisos inferiores, se oyó levemente la voz:

- ¡Mira la suciedad que hay en esta casa! Tú no limpias, Jacira; lo siento, pero no limpias. Ya no es posible, hija mía. Y será mejor que recojas tus cosas y te vayas ahora mismo.

Jacira, pálida y completamente avergonzada, balbuceó:

- No sabía que no estaba satisfecha con mi trabajo. Por favor señora Mirtes, necesito trabajar. Mi familia depende de mí y mi hijo está enfermo...

- ¿Cuál de ellos? Después de todo, hay tantos...

Jacira bajó los ojos. La mujer insistió:

- ¿Qué tiene tu hijo que es tan serio que te está dejando tan relajada?

Jacira vaciló, mientras el jefe preparaba a su hija mayor para ir a la escuela y le exigía:

- Rápido, ¿qué tiene?

Aun vacilante, Jacira respondió:

- Realmente no lo sé... Es una enfermedad extraña...

Sentando a su hija en la silla y sirviéndole el almuerzo, la patrona continuó preguntando:

- Habla, Jacira, ¿qué enfermedad tan rara es esta? ¿Fuiste al doctor?

- Fui, fue al hospital donde me dijeron que él tenía... tenía...

-¿Qué tienes

- Una extraña enfermedad... Fuego... fuego... no sé qué... fuego... salvaje.

- ¡¿Incendio salvaje?!

- Sí. ¿Lo conoce?

La patrona se levantó seria y midió a Jacira de arriba abajo y ordenó:

- Toma ya tus cosas y vete, ¿me escuchaste? Ya no te quiero aquí, cerca de mis hijos. Puedes irte; ya no necesito de tus servicios.

-Pero, señora Mirtes...

- Anda, date prisa, recoge tus cosas y vete. Es mejor. Cuida a tu hijo, ¿verdad?

Humillada, Jacira corrió llorando al cuarto de servicio y se cambió de ropa entre lágrimas; Cuando volvió a pasar por la cocina, la señora señaló el dinero que estaba sobre el aparador y dijo, desde lejos:

- Tu dinero está ahí hoy y lo que debía de la semana pasada. Es lo correcto.

Jacira miró a la mujer con odio en los ojos, tomó el dinero y salió corriendo dando un portazo. En la calle, se secó las lágrimas que corrían y caminó lentamente, con la cabeza gacha. Había una gran distancia desde esa residencia hasta su pequeña vivienda, en medio de la favela. Para ahorrar el poco dinero que tenía decidió regresar caminando, aunque todavía era temprano y no sabía qué más hacer. Una profunda desesperación la dominaba y su deseo era desaparecer, desaparecer, abandonarlo todo. Caminó y lloró sin parar.

Ya era de noche cuando entró a la casa, con los ojos rojos. Doña María estaba arrodillada en medio de la pequeña habitación con Pauliño en brazos. Al verla Jacira tembló y gritó:

- ¿Qué pasó?

- Vine a comprobar que los mayores estaban bien y lo encontré inconsciente. ¡Tiene mucha fiebre!

Jacira se arrodilló junto a su hijo y gritó angustiada:

- ¿Y ahora qué hago? ¡Por el amor de Dios!

- Cálmate hija, no te desesperes, por favor.

- ¿Qué voy a hacer señora María? Ya no puedo soportar el peso que llevo sobre mis hombros…

La amable señora la miró con ternura y le dijo, inspirada por Lívia:

- Tranquila hija, Dios siempre nos está enviando ayuda; nosotros y que muchas veces no entendemos su idioma, en el apoyo que nos llega de una manera muy natural...

Pareciendo no entender sus palabras, Jacira continuó:

- Tiene fiebre alta. Necesito llevarlo a algún hospital.

- ¿No sería mejor ir a la farmacia? Ellos pueden ver la temperatura y tal vez puedan ayudar de alguna manera.

- La farmacia está lejos, señora María. Afuera hay una llovizna fría... Creo que podría empeorar su condición.

Doña María miró a Jacira sin tener nada qué decir. Se sintió completamente impotente. Oyeron tocar la puerta. Jacira reaccionó, fuera de control:

- ¿Que pasará ahora? Solo necesito ser alguien que cobre alguna deuda...

Doña María se levantó y abrió la puerta. Saludó a la persona amigable frente a él. Era Sonia, que los había visitado antes y estaba en compañía de su marido. Ella dijo:

- Buenas noches. Lamento aparecer de esta manera. He estado aquí antes y no quiero invadirte ni molestarte, sin embargo...

Doña María escuchó atentamente:

- Sentí una gran necesidad de regresar esta noche. Nuestro servicio de Evangelio está por comenzar. Me senté y me preparé para la tarea, pero no podía dejar de pensar en el niño...

La única razón por la que Jacira no le gritó a la mujer que se fuera fue porque se sentía impotente, casi desmayada, el desacuerdo con su jefa, la larga caminata y la situación de su hijo la dejaron completamente inerte. Levantó la cabeza y miró mientras la conversación continuaba en la puerta:

- Su carita seguía apareciendo en mi mente y no podía quedarme ahí sentada. Tenía que ver si necesitaba ayuda...

Doña María miró a Jacira con los ojos húmedos, como pidiendo permiso para dejar entrar a la desconocida. Sin embargo, solo encontró frialdad en los ojos de la madre del niño, quien se limitó a decir:

- Él está muy enfermo...

Doña María invitó a Sonia y a su marido a pasar y les informó sobre el estado de Pauliño. Sin demora, Sonia le dijo a Jacira:

- Si quieres te podemos llevar a urgencias. ¿No sería mejor?

Encogiéndose de hombros, Jacira respondió:

- ¿Cuál es el punto? Me despidieron sin siquiera explicarme qué debía hacer...

Emocionada, Sonia insistió:

- Creo que deberíamos llevarlo ahora. Después que le den medicación y le baje un poco la fiebre, veremos qué se puede hacer. Por ahora, ¿no sería mejor ayudarlo?

Sin poder pensar ni hacer nada, Jacira asintió, sintiéndose atrapada:

- Sí, creo que es mejor.

Sonia llevó inmediatamente a Pauliño y a su madre al hospital. En el camino intentó hablar con Jacira:

- ¿Ha estado enfermo durante mucho tiempo?

- No sé.

- ¿Y hace tiempo que no fuiste al hospital?

- Unos dos meses.

- ¿Y qué dijeron?

- Que tiene un incendio... salvaje.

- ¿Qué más?

- Solo eso.

- ¿No dieron ninguna otra orientación?

- No.

- ¿Y qué piensas hacer?

- No lo sé.

A pesar del visible enfado de la otra, Sonia no se dejó intimidar. Rodeada de Lívia y Sergiño, su corazón amoroso y sensible le hizo desear profundamente ayudar al niño y a su familia. Haciendo caso omiso de la agresividad de Jacira continuó:

- Mire señora Jacira, estoy a su disposición para colaborar en lo que sea necesario, puedes contar conmigo.

Jacira se limitó a asentir con la cabeza.

En el abarrotado y desestructurado hospital, Pauliño fue visto casi de madrugada, después que Sonia incluso hablara con el médico responsable de la unidad de cuidados intensivos, el pequeño fue atendido y la fiebre fue remitiendo poco a poco. Sonia pasó toda la velada con su familia. Cuando la enfermera encargada vino a anunciar el alta, preguntó indignada:

-¿Vas a despedirlo simplemente? Este chico tiene pénfigo foliáceo; ¡la familia necesita orientación!

- Señora, preste atención a su entorno. No tenemos lugar para nadie más aquí. El hospital está lleno, no podemos hacer nada. La fiebre casi desapareció; ya está mejor. Hay géneros mucho peores por los pasillos. No podemos hacer nada más.

Sonia le dijo a Jacira:

- Prepara al niño, iré a buscar al médico. Jacira esperó un poco, y como ya estaba angustiada por la compañía de Sonia, le preguntó a su hijo, quien parecía estar mucho mejor:

- ¿Cómo te sientes, Pauliño?

- Estoy bien mamá ¿Qué me pasó?

- No lo sé... Tenías mucha fiebre.

Después de una larga pausa, propuso:

- Entonces vámonos a casa.

- Pero ¿y la señora? ¿Cómo se llama?

- Sonia.

-¿Y ella, mamá?

- ¡Ella se queda ahí!

- Pero mamá, ¿no nos trajo ella aquí? ¿No está intentando ayudar?

- No lo sé, hijo. ¿Qué podría querer de ella? No me gusta mucho esta historia, no.

- Ella solo quiere ayudar.

-¿Para qué? No confío en esta gente, no. Vamos, hijo, vámonos.

- Pero, mamá...

-Vamos, vamos. Si ya estás bien mejor nos vamos pronto.

- Pero...

- Vámonos, niño, antes que vuelva.

Rápidamente bajaron las escaleras y llegaron a la calzada, desapareciendo entre la gente.

Capítulo 11

Caso sin solución

Mientras Jacira acomodaba a sus dos hijos menores en el colchón doble en el que también dormía, doña María colocó al más grande en la cama, recomendando:

- Prométeme que hoy dormirás muy tranquilo. Nada de hacer ruido, hablar, nada de eso. Tu madre está muy cansada y necesita calma para pensar.

Pauliño la escuchó en silencio. Su corazón se sentía fuera de ritmo, un malestar creciente lo dominaba. Aunque la fiebre había bajado, no había bajado del todo y se dio cuenta que su estado era muy malo; no estaba mejorando, estaba empeorando. Al escuchar el consejo del vecino a sus hermanos, cerró los ojos y los apretó fuerte; luego, mentalmente, oró:

"Dios mío, ayúdanos, por favor. ¿Qué me va a pasar? ¿Me voy a morir? Estoy empeorando. Y mi mamá, ¿qué puedo hacer por ella? Ayúdanos, Dios mío, por favor."

Sergiño pudo captar los pensamientos del niño y, mirándolo con ternura, le preguntó a Lívia:

- Y ahora, ¿qué hacemos? ¿Cómo les ayudaremos? Todos nuestros intentos han sido inútiles. ¿Por qué Jacira no acepta nuestra ayuda?

Lívia suspiró y, tocando suavemente la mano de su primo, le hizo otras preguntas:

- ¿Por qué nos empeñamos en negar la realidad que nos rodea?

¿Por qué nos resistimos a afrontar nuestra verdadera situación? ¿Qué opinas?

-¿Orgullo?

- Casi siempre.

-¿Y qué más? ¿Miedo?

- Además, el orgullo nos hace creer en ilusiones y sentimos miedo cuando la vida real se empeña en contradecir nuestras fantasías.

- Entonces, al principio de todo está el orgullo.

- Frecuentemente.

-Pero están pasando por una etapa muy difícil; ella, especialmente. Tiene hijos que cuidar y es una mujer honesta.

- Sin duda; la honestidad es una de sus virtudes. Ella está luchando con todas sus fuerzas, con todas sus posibilidades; sin embargo, podría sufrir mucho menos y estar en mejores condiciones si lograra volverse más humilde, aceptando lo que le estaba destinado, por el bien de su alma inmortal.

- Me gustaría mucho ayudar más… Sin embargo, ella no deja que nos acerquemos.

- Todo sufrimiento es temporal y tiene como objetivo promover nuestro crecimiento, nuestra superación interior. Si Jacira reconociera esto, sin duda sería el comienzo de que todo mejorará para ella y su familia.

-Es difícil, sobre todo porque desconoce los principios espirituales que tanto podrían ayudarla.

- Aun así, la resignación podría ser mayor, si admitiera los designios de Dios en su vida. Sin embargo, se muestra reacia y se siente cada vez más incómoda ante los problemas. ¿Puedes sentir su creciente ira?

- Sí, veo que el color de su cuerpo espiritual se oscurece poco a poco. Desde que llegamos, he notado que una nube oscura lo cubre cada vez más.

- Es verdad. Ella está haciendo espacio en sus corazones y abraza una excesiva autocompasión; está luchando poco, internamente. Se deja desanimar y cede a los sentimientos de ira y rebelión; con esto toda la ayuda que ha recibido, incluso mediante la eliminación de viejos enemigos, se está volviendo gradualmente inútil. Jacira debilita progresivamente su defensa psíquica y no será fácil mantenerla lejos de sus enemigos; lo hemos hecho a un gran costo y su influencia, como tú mismo has visto, es cada vez mayor.

- ¿Y qué vamos a hacer?

- Lo hemos intentado todo; pero el vínculo entre ellos es estrecho y ella va acentuando aun más su armonía psíquica con quienes desean dominarla.

- Nunca los he visto por aquí.

-Hasta ahora no les hemos permitido venir, preservando así la vibración espiritual de la casa. Sin embargo, si Jacira sigue cediendo, ni siquiera nuestra ayuda los mantendrá alejados.

Por eso sería tan importante para ella regresar a casa sin demora.

- Por tanto, no es solo para Pauliño.

- No, es para todos ellos, especialmente para ella.

Sergiño permaneció largo rato en silencio, observando el cariño de doña María cuando hablaba con los niños. Luego preguntó:

- ¿Dónde están esos enemigos espirituales que te rodean con tanta intensidad? ¿Están cerca?

Seria, Lívia miró a su primo y le preguntó:

- ¿Te gustaría verlo por ti mismo?

- Creo que sí.

- Entonces ven.

Al salir de la choza, pronto llegaron frente a una concurrida discoteca de moda, en una zona noble de la metrópoli. El aspecto espiritual del lugar era aterrador: una densa energía oscura y viscosa impregnaba el edificio, las puertas y todo el ambiente que desprendía un fuerte olor fétido, parecido a un pozo abierto.

Lo peor fueron las entidades que circulaban por allí. Algunos fueron traídos encadenados; otros parecían dementes y se aferraban a los hombres y mujeres de rostro colorado que frecuentaban el lugar.

Sergiño tenía los ojos bien abiertos; asombrado, le preguntó a su prima:

- ¿Pueden vernos?

- Mantén la calma. Es posible que uno u otro registre vagamente nuestra energía, pero no pueda vernos.

- ¡Uff! ¡Qué susto! Tengo ganas de salir corriendo de aquí. ¡Qué lugar tan terrible! Es peor que la imagen que me hice del infierno.

Lívia sonrió y dijo:

- Y éste ni siquiera es tan horrible, comparado con otros que he visitado. ¿Quieres irte?

Sergiño vaciló y luego respondió:

- No. Si no nos ven me gustaría continuar.

Entraron. Sergiño sintió dificultad para respirar en ese ambiente y apretó con fuerza la mano de su prima, que caminó adelante. Como si caminara por un laberinto, llegaron a una habitación al fondo del edificio, debajo de una escalera; parecía un sótano.

Al entrar, se encontraron con unos jóvenes encarnados que jugaban a las cartas y consumían drogas. Encaramadas sobre ellos, algunas entidades chupaban sus energías vitales, bebiendo también las drogas que consumían. Eran cuatro entidades que hablaban lascivamente, en lenguaje soez y vulgar, además de lanzar amenazas de todo tipo. Una de las entidades tenía la parte inferior del cuerpo humano y la otra mitad como un lobo[2]. Los demás, a pesar de tener forma humana, tenían uñas largas y pelos en la cara y las manos; estaban animalizados. Sergiño estaba absolutamente en shock. Nunca había visto algo tan repugnante. Tenía los ojos llenos de lágrimas y estaba a punto de hablar, cuando Lívia lo detuvo, en el momento en que una de las entidades empezó a decir que se sentía extraño:

- No creo que estemos solos. Siento la presencia de la luz.

- Cállate y disfruta. Pronto dominaremos a Jacira otra vez y podemos irnos a casa.

- Estoy pasando mal; créeme, están ahí.

- No hay nadie aquí. ¡No se atreverían!

-¿Sabes que por culpa de ellos ya no podemos acercarnos a la familia. ¿Y si nos arrestan?

- No pueden hacer eso. ¡Cállate!

Lívia miró a su primo e invitó:

- Vámonos; ya has visto suficiente.

Cuando llegaron a la calle, Sergiño, jadeando, exclamó:

-¡Dios mío, Lívia! ¡Qué cosa tan espantosa!

- Si nuestra hermana pudiera evaluar el bien que recibe, al estar alejada de estas criaturas, por la misericordia de Dios a favor de su hijo, estaría más agradecida y todo sería más fácil para ella.

- ¿No podemos evitar que regresen? ¿Tienen pensado volver a la casa de Pauliño?

- Así es.

- Jacira necesita tomar conciencia de su situación real; solo entonces empezará a comprender...

- No deberíamos hacérselo saber todo de inmediato. Tendrá que aprender a confiar y luego, gradualmente, a medida que se libere del pasado y deje que la luz de Jesús inunde su ser, dominando su corazón y su conducta, adquirirá mayor conciencia. De lo contrario, incluso podría volverse loca.

Sergiño reflexionó un poco y respondió:

-Tienes razón... Casi me asusté cuando vi ese ambiente... Imagínense si ella supiera de las compañías que acechaban a su alrededor... Es mejor que no...

Permanecieron en silencio hasta entrar a la humilde casita, donde todos dormían. Allí Sergiño dijo:

- Jacira necesita ser enviada a la Casa de los espíritus. Allí, sí, podremos actuar con eficacia.

-En eso tienes razón. Déjanos rezar; necesitamos ayuda de lo Alto para tener un resultado efectivo. La situación está empeorando cada vez más.

- ¿Quiénes son esas entidades, Lívia? ¿Viejos compañeros?

- Uno de ellos. Los demás se unieron, al unísono. Pero uno de ellos lo es.

- ¿Y llevas mucho tiempo detrás de ella?

- La entidad más animalizada fue un ex compañero del padre de Pauliño - de hecho, fue quien le quitó la vida a la ex pareja de Jacira. Como la quería para él, pensó que eliminando al competidor tendría el camino despejado. Sin embargo, fue blanco de venganza de enemigos desencarnados que a su vez lo persiguieron y pronto pasó también al plano espiritual.

- ¿Y el padre de Pauliño, era parte del grupo?

- No; está en otro lugar, gracias a Dios.

Sergiño se acercó a la cama donde dormía Pauliño, teniendo el cuerpo espiritual justo encima del cuerpo físico; su sueño era inquieto. Acariciando suavemente el rostro del niño, él y su prima comenzaron a aplicarle pases con el objetivo de calmarlo y fortalecerlo.

Capítulo 12

La fe que mueve montañas

Después de recibir las suaves y amorosas emanaciones fluídicas que brotaban de aquellos dos corazones movidos por el sincero deseo de ayudar, Pauliño se calmó y durmió profundamente. A la mañana siguiente se sintió más alegre. Tan pronto como despertó, se sentó y se estiró muy bien.

Jacira, que lo observaba desde el lavabo, preguntó:

- ¿Estás mejor, hijo? - Pauliño respondió sonriendo:

- Me siento emocionado hoy.

-¿Y cómo están los dolores en tu cuerpo?

Se detuvo, examinó las manchas que ahora cubrían sus brazos y habló seriamente:

- Continúan del mismo modo. Puso su manita sobre su frente:

- Y creo que todavía tengo fiebre.

Jacira se secó las manos y se acercó a su hijo, diciéndole:

- Déjame ver... ¡Sí, parece que todavía tienes fiebre!

Dios mío, ¿cuándo pasará esto? ¡Ya no aguanto más! ¡No soporto tanta desgracia en mi vida!

Fuera de control, se sentó junto a su hijo y rompió a llorar. Las dos niñas mayores y Lindomar pronto se dirigieron asustados hacia su madre: el bebé empezó a llorar en el cochecito, mientras los dos niños más pequeños se distraían con los modestos juguetes que doña María les había regalado por su cumpleaños.

Inspirado por Lívia, lleno de ternura Pauliño preguntó:

- Mamá, no te ponga así. Dios nos apoyará. Él nunca nos abandona. Debe haber una manera de mejorar y vamos a descubrir cuál es.

Jacira se secó los ojos, casi avergonzada, y argumentó incrédula:

- ¿En verdad lo crees? ¿Encontraremos una manera de cuidar de ti? Estoy tan cansada, Pauliño, tan cansada de mi vida, de mi sufrimiento... ¡Haga lo que haga, parece que todo siempre sale mal!

Pauliño abrazó a su madre y le acarició el cabello. Después de un breve silencio, habló bajo la intensa influencia de Lívia:

- Sabes mamá, tengo un deseo innegable de ir a ese lugar... ¿Cómo se llama?... Casa espiritual.

- Créeme hijo, Dios me libre de estas cosas...

- Y me gustó mucho esa mujer que vino aquí... sentí algo bueno por ella...

- No, Pauliño, de ninguna manera...

- ¿Por qué, mamá? ¿Cuál es el problema?

- No quiero involucrarme en estas cosas...

- ¿Qué cosas?

- En estas cosas de espíritus... tengo problemas. Creo que todo esto es algo malo. No me gusta, hijo. Busquemos otra solución.

- Pero, mamá, esa mujer es tan buena, tan... tan... No lo sé. Siento que ella es buena y solo quiere ayudarnos. Y ella nos ayudó.

- ¿Y qué querrá a cambio, eh?

- ¡Madre! ¿Por qué crees que ella querría algo a cambio?

- Todo el mundo lo quiere, Pauliño, siempre.

- Ah, mamá, realmente creo que deberíamos disculparnos por dejar ese lugar afuera del hospital. ¡Después de todo, ella nos ayudó!

Rompiendo la pelea entre pequeños y niñas, Jacira respondió, irritada:

-¡Ni lo pienses! Y basta de esta charla. Si ya estás mejor, cuida mucho a tus hermanos y yo trabajaré.

Voy a pedirle a doña María que venga a cuidar la comida y el resto depende de ti.

Resignado, el muchacho asintió:

- Así es, mamá. Puedes irte tranquilamente y yo me encargo de todo.

Finalmente Jacira se fue, dejando a la familia bajo la supervisión de Pauliño. Tan pronto como se cerró la puerta, Sergiño preguntó:

- ¿Qué debemos hacer, Lívia? ¡Ella no nos escucha, para nada!

La prima estuvo de acuerdo:

- ¡Y es incluso inflexible en sus opiniones!

- ¿Por qué tanto prejuicio?

- El prejuicio es la brecha.

-¿La brecha?

- Sí, donde el ente que la persigue a distancia se infiltra en su mente y la aleja de cualquier lugar donde se pueda identificar su presencia y los separa.

- Y ella no entiende...

- Ni siquiera te lo imaginas. ¿Cómo podría? Ignoran la interacción entre los dos planos, el material y el espiritual, y no tienen idea que los espíritus ejerzan tal influencia sobre los encarnados.

Después de reflexionar un poco, Sergiño suspiró y preguntó:

- Y ahora, ¿qué hacemos? No lo lograremos...

Lívia lo interrumpió:

- Por favor, no repitas eso. Debemos confiar, primero en Dios, luego en nosotros mismos y también en ellos. La fe es poderosa, Sergiño. Jesús dijo que la fe puede mover montañas.

- ¿Cómo así?

- Puedes hacer cosas sorprendentes y aparentemente imposibles. Por eso, necesitamos cultivar la confianza, la convicción que nada es imposible para Dios. Debemos orar y mantener nuestra confianza inquebrantable. Lograremos el objetivo de ayudar a esta familia. Estoy segura de eso. No importa lo difícil que sea.

Sergiño permaneció en silencio. Los dos permanecieron el resto del día junto a Pauliño y sus hermanos en recogimiento interior y orando mucho, invocaron la ayuda del Altísimo.

Por la noche, después de la llegada de Jacira, Lívia y su primo fueron al Centro espiritual en busca de fuerza y apoyo. Buscaron al grupo para orar juntos por el caso de la familia

Eso ayudó. Al unirse al equipo espiritual que dirigió el trabajo, quedaron sorprendidos por las enormes necesidades espirituales de entidades que eran traídas hasta allí desde distintos puntos de la ciudad. Fueron invitados a participar y ambos se entregaron al servicio con amor y compasión.

Al finalizar la laboriosa tarea, ya entrada la tarde, regresaron a la pequeña casa de Pauliño. Mientras caminaban, Sergiño de repente preguntó a su prima:

- Tal vez si hacemos que mi madre venga a hablar con Jacira, contando nuestra historia, ¿no nos escucharía? Doña Eugenia es contagiosa en lo que respecta a la Doctrina Espírita y, además, su experiencia es muy fuerte.

Lívia lo escuchó atentamente y aprobó:

- Me parece una excelente idea, Sergiño. Sin duda, si logramos traer aquí a la tía Eugenia, ella podrá hacer un aporte decisivo en este caso.

- ¿Si podemos, Lívia? ¡Vamos a conseguirlo!

Lívia abrazó a su primo sonriendo:

- ¡Es eso mismo! Lo vamos a lograr.

Capítulo 13
Recibiendo ayuda

Después de pensar mucho en cómo llevarían a doña Eugenia hasta Jacira, los dos primos se emocionaron.

Sergiño todavía estaba cerca de Pauliño, cuando llegó Lívia diciendo:

-Tengo buenas noticias. Creo que finalmente nos comunicaremos directamente con tu madre.

- ¿Otra vez en el Evangelio en el Hogar?

- No, esta vez necesitaremos la ayuda de un médium con más experiencia.

- ¿Y cómo lo haremos?

- ¿Recuerda aquel médium a través del cual transmitió un breve mensaje al conductor del autobús que atropelló en el accidente?

- Sí, claro, ¿cómo podría olvidarlo?

- Bueno, llevemos a tu madre al Centro espiritual donde trabaja.

-¿Cómo?

- Tú verás. Ven conmigo. Vayamos a la casa de tu madre.

Sin más preguntas, Sergiño siguió a Lívia. Entraron a la casa, donde un agradable ambiente de amor y equilibrio dominaba el ambiente. Fueron a la habitación donde Sueli dormía. Su cuerpo espiritual, igualmente dormido, flotaba sobre su cuerpo físico. Un anciano negro, sonriente, estaba sentado al lado de la cama y saludaba a los visitantes:

- ¿Cómo están? Hija mía, ya te estaba esperando.

- ¿Crees que lo lograremos?

- La chica es muy maleable. No habrá ningún problema. ¿Vas a hablar con Eugenia?

- Yo sí.

- Entonces vamos.

El anciano despertó el cuerpo espiritual de Sueli y lo levantó suavemente. Al encontrarse con su hermano, la niña corrió y lo abrazó sin miedo:

- ¡Mi querido hermano, cómo te extraño! ¡Qué maravilla verte! ¿Estás bien?

- Estoy muy bien, Sueli. Los extraño a todos, pero ¿qué puedo hacer? Ando cerca siempre que puedo para aliviar la nostalgia.

Abrazando a su hermano, Sueli escuchó el pedido de su mentor espiritual:

- Sueli, querida hija, vamos a necesitar de tu colaboración - amable y servicial, la niña estuvo de acuerdo:

- Por supuesto, ¿qué puedo hacer?

- Necesitamos usar tu cuerpo para hablar con tu madre.

- Está bien.

- Entonces concéntrate y ayúdanos con tu energía. En unos momentos, el cuerpo físico de Sueli se levantó.

Desde la cama, cruzó la habitación, con los ojos cerrados, y se dirigió a la habitación de su madre. Cuando se abrió la puerta, Eugenia se despertó y vio a su hija. Al darse cuenta que caminaba sonámbulo, preguntó:

- Vuelve a la cama hija, sigue durmiendo.

Uniéndose energéticamente al cuerpo de su prima, Lívia habló a través de ella:

- Necesito hablar contigo, tía.

Eugenia, sería, repitió en voz baja:

- ¿Tía...?

- No te asuste; soy yo, Lívia. Disponemos de poco tiempo y no podemos ejercer demasiada presión sobre el frágil cuerpo de Sueli, que nos ayuda de buena gana.

Eugenia tembló, con los ojos muy abiertos, pero permaneció en silencio. Lívia pidió:

- No tengas miedo, por favor. Sergiño también está aquí y te manda muchos besos en la mejilla.

Sergiño abrazó a su madre; le susurró al oído:

- Mantén la calma, está bien.

Al contacto de su hijo, Eugenia se sintió más serena y escuchó atentamente el pedido que Lívia le hacía a través de la voz de Sueli, que fuese a la Casa espiritual donde trabajaba la médium. Finalmente se despidió diciendo:

- Gracias por ayudarnos, es importante. Ahora Sueli necesita descansar. Te queremos mucho, tía.

Convencida que efectivamente era Lívia quien le hablaba, Eugenia se llenó de una alegría intraducible. Emocionada por la posibilidad de tener contacto con su sobrina y especialmente con su hijo, se secó las lágrimas que corrían por su rostro.

El señor Felipe se removió en la cama, sin despertarse. Cuando logró calmarse, doña Eugenia se volvió a acostar y, acomodándose en la cama, repitió en voz baja la ubicación de la Casa espiritual que debía visitar; sonriendo, tartamudeó:

- Por favor, muchachos, no me dejen olvidar...

Lívia y Sergiño abrazaron cariñosamente a Sueli y a ella ayudándolas a volver a dormir, armonizando sus energías físicas. Después de despedirse del amable anciano, los dos salieron.

El día fijado para doña Eugenia llegó rápidamente, yendo a la Casa espiritual recomendada. Media hora antes de las tareas por la noche, allí estaba ella sentada en primera fila, ansiosa por saber qué estaba pasando. El trabajo transcurrió con cierta dificultad, ya que muchos de los presentes mantuvieron una sensación de duda y excesivo cuestionamiento, retrasando con sus pensamientos las tareas planificadas.

El director de la institución estaba a punto de cerrar el trabajo, cuando Sergiño finalmente logró conectarse con la psiquis de la médium y en un intenso impulso mental la llevó a escribir:

- *"Doña Eugenia*

Gracias por venir. Necesitamos su intervención para ayudar a una familia que sufre profundamente. Por favor; Acude a ellos y cuéntales toda tu experiencia - con todo lujo de detalles -, porque es necesario que la sepan. Nosotros haremos el resto.

Mamá, te amo y te extraño mucho."

Finalizó dejando la dirección y el nombre de Jacira, a quien debía buscar y entregarle la nota que ahora recibió. Al leer el mensaje, incluso la propia médium quedó sorprendida por los detalles y sospechó que todo estaba en su cabeza. Pero, apenas terminó de leer, doña Eugenia se levantó y confirmó la autenticidad de la comunicación:

- Soy Eugenia y Sergiño es mi hijo. Me pidió que viniera...

Con una nota en las manos, doña Eugenia corrió a su casa y se la mostró a su marido y a su hija, contándoles todo lo sucedido desde la noche en que Lívia habló con ella a través de Sueli. A la mañana siguiente, muy temprano, fue a cumplir su tarea. A la entrada de la favela dudó un poco; luego, revitalizada por el recuerdo de las emociones que había experimentado en contacto con Lívia y su hijo, entró llena de convicción. No pasó mucho tiempo para localizar la casa de Pauliño.

Jacira bajaba las escaleras, saliendo para otro día de trabajo.

Involucrada por Sergiño, doña Eugenia estuvo segura que ella era la persona que buscaba y preguntó:

- ¿Eres Jacira?

La señora, frunciendo el ceño, midió a la desconocida de arriba a abajo y reaccionó con sospecha:

- Soy yo, sí, ¿por qué?

- Bueno, mi hijo me pidió que viniera a hablar contigo. Aquí está la nota que me envió.

Doña Eugenia mostró el pequeño papel con la dirección y el nombre de Jacira, así como el nombre de su hijo enfermo.

Alarmada, Jacira preguntó:

- ¿Y quién es tu hijo? ¿Cómo sabe que mi Pauliño está enfermo?

Doña Eugenia le tocó suavemente el brazo y preguntó:

- No tengas miedo, estoy aquí para ayudarte. Mi hijo, por alguna razón, conoce bien sus problemas.

- Después de todo, ¿quién es tu hijo?

- Quizás no lo conozcas.

- Mire señora, solo diga lo que quiera porque tengo que ir a trabajar...

Mirándola a los ojos, doña Eugenia intentó explicar:

- Mi hijo ya falleció, Jacira; pero, como puedes ver, todavía está vivo...

- ¡¿Qué?!

- ¿Podemos hablar tranquilamente?

Sorprendida y asustada, Jacira quedó sin acción. En ese preciso momento Lindomar abrió la puerta gritando:

- ¡Mamá! ¡Pauliño está en mal, muy mal estado!

Jacira subió corriendo las escaleras, seguida de doña Eugenia. Encontró a su hijo inconsciente. Lo tomó en sus brazos y gritó desesperada. Pronto Pauliño recobró el sentido y dijo:

- Tengo sed, mamá.

Doña Eugenia, sin pensarlo, corrió al fregadero y trajo agua para el niño y también para su madre. Tomada por una repentina simpatía ante el gesto afectuoso, Jacira cambió de tono:

- Gracias. Siéntese por favor. Estoy muy nerviosa. Mi hijo aquí, Pauliño, está enfermo y yo no sé lo que tengo que hacer...

- ¿Que tiene? ¿Es grave?

- Los médicos dijeron que era una enfermedad extraña... Incendio salvaje. ¿Has oído de eso?

Recordando inmediatamente a doña Aparecida y a sus pacientes, doña Eugenia respondió:

- He oído hablar de eso, sí. Y es una enfermedad ingrata...

- Así es. Nadie quiere tratar con él. Fue ahí en el hospital que me hablaron de la enfermedad y después ¿sabes qué hicieron? Me enviaron a casa con el niño, sin un solo remedio, ni siquiera un poco. Es una locura no sé qué más hacer. Estoy desesperada...

Jacira no pudo continuar porque estalló en un llanto convulsivo. Doña Eugenia se sentó a su lado y la abrazó con profunda compasión, permaneciendo en silencio. Jacira, al sentirse apoyada, acabó tranquilizándose; luego preguntó:

- ¿Qué querías decirme realmente?

Doña Eugenia sonrió y respondió:

- Jacira, conozco una mujer muy amable que tiene un hospital que solo atiende a personas con la enfermedad de tu hijo: los incendios salvajes.

Jacira abrió mucho los ojos:

-¿Verdad? ¿Dónde queda?

- Es un poco lejos; está en Uberaba, Minas Gerais.

- ¿Y será que cuidarían de mi hijo?

- ¿Por qué no? Solo atienden a pacientes con este problema.

- Pero debe ser muy caro. No podré pagar.

- No cobran nada y todo es gratis.

- ¿Está segura?

- Lo estoy. Estuve allí una vez, no hace mucho...

Doña Eugenia guardó silencio. Jacira esperó y ella terminó:

- Si quieres, te llevaré allí. Vayamos inmediatamente a Uberaba para hablar con doña Aparecida. No tengo ninguna duda que tu hijo será bienvenido allí con toda la asistencia que necesitas.

Casi sin fuerzas, Jacira miró a la desconocida y aceptó:

- Si puedes llevarnos, iremos. Ya no me ocupo de esta situación. Necesitamos ayuda...

Y volvió a caer en abundantes lágrimas.

Capítulo 14

En los brazos de doña Aparecida

Doña Eugenia pasó un poco más de tiempo con su familia y, al salir, le prometió a Jacira que volvería en unas horas, para ir a encontrarse con doña Aparecida, en Uberaba.

Cuando salió de la pequeña casa, miró hacia atrás y sonrió, profundamente impresionada por el trabajo del mundo espiritual. Susurró suavemente:

- Sergiño, espero poder ayudar, hijo mío. Me siento muy orgullosa que te estés dedicando a ayudar a otras personas; Esto es lo que siempre soñé para ti, querido.

Confiada, siguió hasta donde había dejado su coche. Sergiño, que la acompañaba, también sonrió emocionado; mientras la veía entrar al vehículo, dijo alegremente:

- Gracias por tu ayuda, mamá. Mi ángel en la Tierra.

Vio desaparecer el coche y luego regresó jubiloso.

- Parece que ahora lo conseguimos, ¿no, Lívia?

Emocionada, la prima asintió:

- Sí, creo que finalmente ayudaremos a la familia.

A la hora acordada llegó doña Eugenia. Junto con Jacira llevó a los niños a casa de doña María y luego apoyó a Pauliño hasta el auto. El niño parecía bastante débil y sin ánimo. Jacira estaba angustiada. Notó claramente que el estado de su hijo empeoraba. Se acomodaron en el auto y se dirigieron a São Paulo. Fue solo cuando tomaron el camino hacia la ciudad de Minas Gerais que Jacira pareció relajarse razonablemente. Hasta entonces había dicho poco; y doña Eugenia, que al principio había intentado mantener la conversación, permaneció en silencio largo rato. Jacira preguntó:

-¿Tienes hijos?

-Sí, tengo tres tesoros. Quiero decir, conmigo solo hay dos.

- ¿Todos los hombres?

-No. Tuve dos niños y una niña. Ahora tengo a Fabio y Sueli.

- ¿El otro ya no vive contigo?

- Mi hijo Sergiño murió en un accidente de moto hace algún tiempo.

- ¡Oh! Perdón...

- No te disculpes, está bien. Lo extraño, pero sé que siempre está cerca.

- Creo, señora, ¿a qué se refiere? ¿Él no murió?

- Bueno, Jacira, viví una de las experiencias más dolorosas que cualquiera pueda afrontar. Mi hijo estaba por cumplir dieciocho años y el día de su cumpleaños tuvo un accidente...

Doña Eugenia guardó silencio. Los tristes recuerdos inmediatamente nublaron su corazón y las lágrimas brotaron de sus ojos. Atentos, Sergiño y Lívia, que viajaban con ellos, la consolaron con las más tiernas vibraciones y – aprovechando la preciosa oportunidad que tuvieron durante el viaje - la inspiraron a continuar:

- Sin embargo, sé que sigue vivo y eso es lo que me da fuerzas.

Jacira, mirándola de repente, preguntó:

- ¿Y cómo estás tan segura?

- Ya se ha comunicado conmigo más de una vez.

- ¡Dios me salve de un horror de esos!

- No es nada de terror. Es el mismo chico que amo tanto, solo que vive en una dimensión diferente a la nuestra. La vida no termina. La luz de las almas sigue brillando en el infinito, la búsqueda de Dios y la evolución.

Sin comprender, pero respetuosa de la serenidad y firmeza que demostraba doña Eugenia, Jacira guardó silencio.

De nuevo, ahora desde hace mucho tiempo. Pauliño estuvo callado la mayor parte del viaje, hablando solo de lo esencial y durmiendo prácticamente todo el recorrido.

A medida que se acercaban a su destino, la entrada a la ciudad, Jacira se sintió repentinamente incómoda. Su repentino deseo fue volver de allí. Ella comentó con confianza:

- ¿Esto funcionará? ¿Es este realmente el lugar apropiado para mi hijo?

Nuevamente rodeada de Sergiño y Lívia, doña Eugenia le estrechó la mano con simpatía y la animó:

- No tengas miedo. En este hospital tu hijo seguramente recibirá todo lo que necesita.

- Espero que le den el tratamiento adecuado y que regrese pronto a casa conmigo. Tengo un mal presentimiento, señora.

- No te preocupes, Pauliño estará en buenas manos. Doña Aparecida es una mujer cariñosa y muy buena. Ha dedicado su vida a cuidar a pacientes con incendios salvajes. Puedes confiar: recibirá la ayuda que necesita.

- ¿Y sanará?

- Tendremos que hablar con ella sobre esto, ya que es una experta en el tema. Entiendo muy poco... Eso es todo. Llegamos, es aquí.

Entraron y pronto fueron atendidos por doña Aparecida. Jacira le explicó la dolorosa situación e inmediatamente la infatigable trabajadora le pidió a Pauliño que se desnudara para evaluar mejor sus condiciones. Después de un examen minucioso, le dijo a su madre:

- Sin duda es un incendio salvaje, el niño tendrá que quedarse con nosotros.

- ¿Y por cuánto tiempo?

- No puedo decirlo ahora. Depende de su respuesta al tratamiento. Podrían ser semanas, meses o incluso años.

- ¡No hablas en serio!

Doña Aparecida se levantó y le pidió:

- Sígueme para ver el hospital. Te mostraré casos de todo tipo. Pauliño, espera aquí y alguien más vendrá a cuidarte. Disponemos de medicamentos que debes tomar inmediatamente.

Pauliño sonrió, feliz y aliviado por primera vez en días. Sintió que estaba en el lugar correcto y respondió:

- Está bien.

Jacira habló vacilante:

- Prefiero quedarme aquí con él...

Porque el propio chico insistió:

- Vamos mamá, estoy bien, puedes ir con doña Aparecida.

Durante el breve recorrido por todas las salas del hospital, Jacira pudo entrar en contacto con los diferentes tipos de pacientes que se encontraban internados en ese momento; conoció la gravedad de los casos y las expectativas de doña Aparecida sobre varios de ellos. Al final, ella dijo:

- Es eso. Tenemos todo tipo de pacientes.

Casi llorando, Jacira dijo:

- No quiero dejar a mi chico aquí; quiero estar con él, aunque sea necesario.

Serena, doña Aparecida argumentó:

- Pero viste que tenemos pacientes hospitalizados desde hace más de dos años. ¿Tienes otros hijos?

Mientras respondía, bajó los ojos, entendiendo lo que quiso decir la respetable dama:

- Los tengo...

- Entonces creo que es mejor volver con ellos rápidamente. Si quieres quedarte hasta mañana o más tarde, está bien; más que eso sería completamente inútil. Tu hijo estará bien, incluso podría continuar con sus estudios.

Y abrazando cariñosamente a esa madre al borde de la desesperación, invitó:

- Ven, comamos algo; te sentirás mejor, estoy segura. Y tu hijo también.

- ¿Él se pondrá bien? ¿Se curará?

- En la gran mayoría de los casos, las personas se recuperan bien y responden rápidamente al tratamiento; sin embargo, como tú misma has podido comprobar, hay casos más difíciles. Debemos iniciar tratamiento y confiar en Dios, que nunca nos abandona.

Suspirando profundamente, Jacira dijo:

- A veces hasta dudo de la existencia de Dios...

Doña Aparecida la miró amablemente y le dijo sin reproches:

- Lo sé, hija mía. Hay momentos en los que las pruebas de la vida pesan demasiado sobre nuestros hombros, ¿no es así? Pero calma tu corazón; todo esto pasará. Estamos aquí precisamente para intentar ayudar a que su carga sea un poco más ligera.

Al encontrar consuelo y apoyo en las palabras de la sabia dama, Jacira lloró durante mucho tiempo. Doña Aparecida le acarició el cabello y dijo:

- Llora, hija, desahógate; y sepa que aquí tú y tu hijo están entre amigos.

Cuando se calmó, las tres mujeres regresaron a la habitación donde estaba el niño. Pauliño estaba hablando con una de las empleadas de la institución. Estaba visiblemente más emocionado y al notar la mejoría, Jacira sonrió. Entonces le dijo:

- Tú te quedas aquí, hijo.

- ¿Y tú, mamá?

- No puedo quedarme mucho tiempo, porque tengo que volver a Sao Paulo.

- ¿Y yo no voy?

- Por ahora no.

Pauliño pensó un poco, miró a doña Aparecida y dijo:

- Oh, está bien, ¿no, mamá? Si voy a recuperarme, puedo quedarme. Ya no aguanto más los dolores de mi cuerpo. Quiero sanar pronto.

- Sí, lo sé. Yo también me quedo unos días, luego me voy a casa.

Pauliño bajó la cabeza y no pudo evitar que las lágrimas rodaran por su rostro cansado, enrojecido y ya dañado por la enfermedad.

Pasaron dos días rápidamente. Jacira, al conocer mejor la institución y sus diversas actividades, se sintió un poco más segura, hasta que descubrió que se trataba de una organización espiritual. En el momento en que se enteró, la sangre desapareció de su rostro. Ella guardó silencio y a la primera oportunidad le explicó a doña Eugenia, que se había quedado para recogerla:

-¡No lo dejaré aquí, de ninguna manera!

- ¿Y por qué no, Jacira? Parecías más cómoda con la situación después de ver todo lo que se hace aquí.
Es un trabajo muy serio.

- ¡Pero es espírita! No quiero dejar a mi hijo aquí ¿Qué harán con él?

- ¡Nada! Ellos simplemente se ocuparán de él.

- No sé qué le hacen a la gente en estas... estas sesiones...

- Jacira, estás muy equivocada respecto a la Doctrina Espírita. Tienes miedo de algo que no conoces y tienes muchas ideas equivocadas sobre lo que sucede en la Casa de los espíritus.

- No lo quiero. ¡Dios no lo quiera! No quiero ver a mi hijo involucrado en estas cosas...

- ¿Qué cosas?

- Con estas cosas del espíritu, de la gente que ya murió...

- Jacira, todos somos espíritus, con o sin cuerpo de carne.

- ¡No soy yo, no! Soy gente, una persona y no un alma de otro mundo.

- Los muertos no son más que personas que ya abandonaron su cuerpo físico y siguen vivas, en otra dimensión.

- Eso es cosa del diablo, doña Eugenia, yo tengo miedo.

Una inspiración oportuna llevó a Eugenia a preguntar:

- ¿Alguna vez has oído hablar de Chico Xavier?

- Ya.

- Y...

- No lo sé, parece un hombre bueno.

- Es un hombre muy bueno. ¿Te gustaría conocerlo?

- No sé...

- Podemos irnos ahora mismo, ya casi es hora que comience su tarea.

-¿Tarea?

- Sí, el culto al Evangelio en el que participa.

Jacira dudaba. Doña Eugenia la animó:

- Vamos, te gustará mucho; Vamos, no perdamos más tiempo.

Las dos asistieron al interesante y bendito estudio del Evangelio realizado en el Grupo Espírita de la Oración. Al salir, Jacira comentó:

- Me gustó. Me sentí muy bien allí.

- ¿Viste? Y te dije: necesitas saber un poco más sobre el Espiritismo para sacarte de la cabeza algunas ideas que no son ciertas.

- Puede ser...

A la mañana siguiente, Jacira se despidió de su hijo llorando. La separación también perjudicó a Pauliño, ya que era la primera vez que se alejaba de ella. Finalmente Jacira subió al vehículo, que desapareció por la esquina. Pauliño, de pie, saludó con la mano hasta que el auto desapareció. Luego se secó las lágrimas y la nariz y miró a doña Aparecida, quien lo llamó:

- Vamos, entremos. Hay un delicioso *cupcake* esperándonos. ¿Te gusta?

- Me gusta.

- ¿Y qué otros dulces te gustan?

- Amo los dulces.

- Veamos si podemos encontrar algunos dulces de leche realmente sabrosos para ti.

Abrazó al niño con cariño y ambos entraron.

Capítulo 15

Rebeldía

Durante el viaje de regreso, Jacira se secó las lágrimas que insistían en brotar. Doña Eugenia buscó, en vano, iniciar una conversación; la madre de Pauliño permaneció muda y distante. Mientras se acercaban a la entrada de la ciudad, hubo otro intento de diálogo:

-No te preocupes Jacira, tu hijo está en buenas manos. Recibirá toda la ayuda necesaria y, si Dios quiere, pronto estará contigo, en casa.

Jacira ni siquiera esperó a que terminara para replicar en tono duro y agresivo:

- No puedes imaginar cuántas dificultades he enfrentado. Mi vida ha sido de dolor y sufrimiento desde pequeña. Perdí una pareja que fue asesinada y otra me abandonó por mujeres más jóvenes. Y no fue suficiente, todo lo que Dios me somete, ahora me veo separada de mi hijo, de mi Pauliño...

Jacira sollozaba, sintiendo. Después de una breve pausa, continuó:

- Nadie sabe los problemas con los que he estado luchando. ¡Dios no es justo! ¡No puede ser!

- No digas eso, Jacira. Dios nos ama y...

Fue bruscamente interrumpida:

- ¿Dios realmente nos ama? Si es así, ¿por qué nos hace sufrir así? ¿Por qué? ¿Puedes explicarme por qué mi niño, que solo tiene diez años, necesita sufrir una enfermedad tan horrible como ésta?

¿Por qué tenemos que separarnos, permanecer tan lejos unos de otros?

Doña Eugenia se desahogó y esperó unos cuantos momentos para decir, con inmensa suavidad en la voz:

- Hay muchas cosas de nuestra vida que todavía no entendemos, porque nos falta madurez; somos como niños, aprendiendo a caminar en el mundo.

- Pero, ¿por qué tanto dolor, tanto sufrimiento? ¿Por qué Dios requiere esto de nosotros?

- Jacira, no es Dios quien nos hace sufrir, somos nosotros que, sin saber, sin ver, traemos dolor y sufrimiento a nuestras vidas debido a las decisiones que tomamos.

-¡Eso es absurdo! ¿Qué le hice a Dios para sufrir tanto? Siempre trabajé, cuidé a mis hijos, a pesar de las dificultades; siempre trabajé duro para cuidarlos.

- Puedes decirlo.

- Entonces ¿por qué tengo que aguantar todo esto?

- ¿Quién sabe? Tal vez sean errores del pasado que claman por reparación.

- ¡Mi pasado no es negro!

- No hablo de lo que pasó en esta vida, sino de otras que ya has vivido.

- ¿Qué otras vidas?

- ¿Nunca has oído hablar de la reencarnación?

- Vagamente.

- Bueno, todos tenemos mucho que aprender y lo hacemos a través de las reencarnaciones. Cada uno de nosotros ha tenido muchas vidas; has sido muchas personas diferentes a la que eres hoy.

Resulta que en esencia somos espíritus inmortales, y en cada etapa de experiencias utilizamos un nuevo cuerpo para aprender, crecer y desarrollarnos.

- No lo creo en absoluto.

- ¿Y cómo explicar el sufrimiento que, como dices, siempre te acompañó?

Jacira reflexionó un poco y protestó, irritada:

- No está bien. El mundo está mal.

- Todo es perfección en la creación divina; si sufrimos y porque aun no sabemos cómo encajar en el movimiento armonioso que realiza el Universo, según las leyes de Dios.

- No estoy de acuerdo y no lo acepto.

Doña Eugenia estacionó el auto y apagó el motor.

Dijo, mirando a su alrededor:

- Llegamos.

Jacira guardó silencio. Después de un breve silencio, la madre de Sergiño retomó el tema:

- La vida a menudo parece sin sentido, difícil y demasiado dolorosa. Lo sé por experiencia propia, Jacira. Sabes que perdí a un amado hijo con solo dieciocho años de edad. Fue un sufrimiento increíble. Todavía sufro su ausencia y lo extraño profundamente.

- ¿Y cómo lo soportas? Creo que si eso me pasara ya no tendría fuerzas para vivir...

- Fue muy difícil. Creo que solo logré cruzar los primeros días gracias a los espíritus amigos y benefactores que nos rodean.

- ¡Qué horror!

- Son queridos amigos y familiares que, en el otro lado de la vida, nos cuidan.

- ¡Dios no lo quiera! No quiero saber eso.

- Porque fueron las enseñanzas de la Doctrina Espírita las que me dieron fuerza y esperanza, consuelo y ánimo para continuar. Luego vinieron los primeros contactos con mi hijo y luego todo se volvió más fácil de llevar.

- ¿Has visto a tu hijo?

- No, pero se comunica conmigo frecuentemente. Fue él quien me pidió que viniera a buscarte.

- ¿Qué?

- Fue mi hijo Sergiño quien me pidió que viniera. Está ayudando a su hijo...

Jacira interrumpió:

- No quiero su ayuda, no. No quiero saber de estas cosas...

- Jacira, sigue siendo mi hijo, exactamente como lo fue cuando estuvo encarnado. Nadie muere. Simplemente cambiamos de planos y continuamos viviendo, realizando nuestras tareas y siguiendo nuestro aprendizaje, en la vida Más Allá de la muerte física.

- Mire doña Eugenia, usted fue amable conmigo y se lo agradezco mucho, pero no quiero saber más de esta conversación. Ahora necesito ir a ver a mis hijos.

Doña Eugenia sacó papel y bolígrafo de su bolso, tomó una nota rápida y con una sonrisa le entregó el papel a Jacira:

- Por supuesto, tienes otros de quienes cuidar. Aquí está mi teléfono. Si necesitas algo, llama. Estaré muy feliz de ayudarte y no me molestará en absoluto, puedes estar segura.

- ¿Por qué me ayudas? No me conoces bien...

- Porque sé que necesitas apoyo; está sufriendo, y Jesús nos enseñó que debemos ser solidarios unos con otros. Hoy eres tú quien me necesita, mañana podría ser yo quien te necesite. La vida cambia. Nos necesitamos el uno al otro. Nadie vive solo, nadie progresa solo.

Esta vez Jacira sonrió; y, abriendo la puerta del coche, aceptó:

- Lo que dijiste es hermoso.

- Aprendí mucho de la Doctrina Espírita. Deberías visitar el Centro cercano, sé que tienen un trabajo serio. Podrías ir solo a conocer, a ver cómo te sientes.

Con expresión cerrada, Jacira bajó las escaleras dando un portazo:

- No quiero saber de estas cosas. Casi me arrepiento de haber dejado a Pauliño en un lugar... triste; sin embargo... En fin, ¿qué podía hacer? Espero que se mejore...

- Mejorará, no tengo ninguna duda.

Jacira la miró fijamente y se despidió secamente:

- Tengo que irme. Hasta luego.

- No lo olvides: si me necesitas, solo llámame.

Sin hablar, Jacira asintió con la cabeza y corrió hacia la favela. Doña Eugenia la vio desaparecer y, al arrancar el coche, murmuró:

- ¿Por qué tanta resistencia, Dios mío?

El tiempo pasó rápidamente. Jacira volvió a trabajar y se dividió entre el cuidado de sus hijos. Día por medio llamó al Hogar de la Caridad - Hospital del Incendio Salvaje. Con cada conversación notó que Pauliño estaba más emocionado: siempre tenía nuevas experiencias de qué hablar y estaba entusiasmado con las cosas que estaba aprendiendo. Parecía feliz. Cuando colgó, Jacira sintió una opresión en el pecho, como si estuviera a punto de perder a su hijo. Y quería correr a buscarlo, sacarlo de ese lugar... La detenía el pensamiento que lo estaban curando y si no lo hacía, hasta podía morir, como le había explicado doña Aparecida.

Insatisfecha, Jacira lloraba mucho y muchas veces iba a trabajar con los ojos rojos. En los momentos en que estaba en crisis, nada podía consolarla. Esa noche, después de un agotador día de trabajo, llegó a casa con la ropa empapada por la lluvia que la había pillado en el camino. Llegó goteando. Doña María, que con toda su dedicación llevaba la cena a los pequeños, dijo:

- Hija mía, estás empapada. Ve a cambiarte y ven a tomar un poco de sopa. Es sencillo, con patatas y zanahorias, que hoy tampoco tuve nada mejor en casa... Pero va a hacer calor.

Jacira se sentó en el sofá y sus hijos la rodearon deseando mimos y atenciones, la menor saltó a su regazo y sin poder controlarse gritó:

- ¡Sal de ahí, chica! ¿No ves que estoy toda mojada, cansada y hambrienta? ¡No me das paz!

Los niños se alejaron y doña María jaló a la pequeña, quien asustada comenzó a llorar. Jacira, fuera de control, rompió en llanto convulsivo, gritando:

- ¡Ya no lo soporto más! ¡No puedo vivir así!

La vida no vale la pena, ya no lo soporto...

Lívia y Sergiño, que permanecieron a su lado, la envolvieron en una oración rebosante de calidez y afecto. Sin embargo, en ese estado, Jacira no pudo asimilar los efluvios sutiles, hundiéndose cada vez más profundamente en energías viscosas y oscuras. Preocupado, Sergiño preguntó a su prima:

- ¿Qué es esa impactante imagen pegada al cerebro de Jacira, como si fuera una foto de ella con una pistola en la mano? ¿Es ella en otra vida?

- No. Es lo que Jacira está pensando en hacer. Esta imagen, moldeada en detalle por nuestros hermanos menos felices, que sienten su desánimo y quieren tomar el control suyo definitivamente, inmediatamente se sintieron atraídos por el cuerpo vibratorio de nuestra hermana, quien la está fortaleciendo con sus emociones negativas. La situación se vuelve muy grave.

- Pero, ¿sería capaz de quitarse la vida? Ella si se preocupa por sus hijos... por Pauliño...

- No es una cuestión de capacidad. Puede ser que Jacira, sola, nunca llegaría al punto de crear algo así. Resulta que ella no está sola. Se vincula a esos compañeros, enemigos del tiempo pasado, es progresivamente dominada por ellos. Ella está dejando que la dominen.

- Y... Al no aceptar la situación, todo se le hace difícil...

- Sí, la revuelta la está asfixiando, impidiendo nuestra ayuda y fortaleciendo su conexión con las entidades que la obsesionan.

- ¡Caramba! La rebelión realmente puede causarnos graves problemas y daños irreversibles.

- Necesitamos actuar rápidamente; de lo contrario, las consecuencias podrían ser nefastas...

Capítulo 16

Revisando el pasado

Lívia, sentada, contemplaba a Jacira despedirse de doña María, que le hablaba afectuosamente, en la puerta:

- Hija mía, ten fe en Dios; él te ayudará, no lo dudes.

Jacira la miró fijamente sin decir nada. La vecina continuó:

- A veces no entendemos las pruebas que la vida nos trae. Sin embargo, Dios siempre está con nosotros; pídele que te ayude, en lugar de desesperarte. Sé que tu situación es muy difícil, pero recuerda: Jesucristo, un ser perfecto e impecable, soportó todo tipo de sufrimiento y lo hizo por nosotros. Él no te abandonará. Confía en Él.

Antes de irse, abrazó tiernamente a Jacira. Ésta, sin valor para decir una palabra, simplemente ladeó la cabeza, asintiendo.

Luego de cerrar la puerta, Jacira se fue a la cama y se acomodó entre sus hijos que ya dormían. Se movió de un lado a otro lado, incapaz de conciliar el sueño. Le venían a la mente recuerdos de Pauliño y amenazó con llorar, pero estaba demasiado cansada y se calmó, intentando dormir. Fue entonces cuando la idea del suicidio se hizo aun más presente. En sus pensamientos, como en una película instantánea, apareció la forma en que se quitaría la vida. Sabía dónde se escondían los antiguos compañeros de su marido y podía obtener fácilmente un arma a cambio de favores por adelantado. Con el arma en la mano todo sucedería rápidamente y en poco tiempo estaría libre de la angustia, del dolor, de la humillación en la que vivía. Eso era lo que creía.

Lívia, que observaba todo en íntimo estado de oración, buscando también inspiración y apoyo para ese complejo caso, rompió el prolongado silencio:

- Creo que es hora de tomar medidas drásticas.

- ¿Qué estás intentando hacer?

- Induciremos a Jacira a un sueño profundo para luego sacarla de su cuerpo físico y recordarle el origen de su sufrimiento y los compromisos adquiridos antes de reencarnar.

- ¿Cómo reviviremos su memoria?

- Iremos a la Casa espírita del barrio. Allí hay equipos que se utilizan mucho en sesiones de adoctrinamiento; y una especie de televisión de plasma, donde se pueden materializar imágenes de vidas pasadas de un determinado individuo, aclarando así su memoria consciente.

- ¿Y el equipo utiliza algún tipo de DVD?

- No, utilizamos la propia memoria espiritual del individuo. Todos tenemos registros de nuestras experiencias anteriores archivados dentro de nosotros. Cuando encarnan son confinados para no emerger, ya que esto podría obstaculizar los programas que lleva a cabo el espíritu temporalmente dotado de cuerpo físico y expresándose en una determinada personalidad.

- En otras palabras, ¿tenemos una especie de caja negra que almacena todo lo que hemos sido?

- Todo lo que hemos sido y hecho; todo lo que alguna vez hemos vivido y pensado.

- ¡Qué impresionante!

- Por eso nuestras tendencias, cualidades y defectos nos acompañan a lo largo de nuestra vida, aunque sea de forma inconsciente. Pero vamos, tenemos que actuar rápido.

Salieron y pronto regresaron en compañía de Luiz - protector de la familia -, y con el equipo a utilizar, en una pequeña caja; Lívia preparó la pantalla en la que proyectarían imágenes de las experiencias anteriores de Jacira. Luego, los tres se unieron en una sentida oración en la que rogaron por bendiciones sobre ese hogar. El ambiente se llenó de una suave luz, lo que rápidamente calmó a los niños y profundizó su sueño.

Lo mismo ocurrió con Jacira, cuyo cuerpo espiritual se desconectó parcialmente de su cuerpo físico en unos segundos. Nuevamente le aplicaron pases longitudinales, y su cuerpo espiritual, semi despierto, preguntó:

- ¿Qué está sucediendo...?

Luiz inmediatamente la apoyó diciendo:

- Tranquila, no tengas miedo, soy yo.

Jacira seguía confundida:

- Ha pasado mucho tiempo desde que nos conocimos... ¿qué hago aquí?

Sentándola frente al dispositivo, Luiz le presentó a sus nuevos amigos:

- Estos son Lívia y Sergiño y vinieron a ayudarte.

Jacira los miró con indiferencia, como si no los notara adecuadamente. Él pidió:

- Ahora quiero que mires atentamente esta pantalla y sigas las imágenes.

Obedeciendo sin pensar, Jacira miraba fijamente la pantalla, mientras Luiz, de pie detrás de ella, cerraba los ojos y se concentraba en la región de su corteza cerebral, como si buscara en sus recuerdos. Sin demora, las imágenes comenzaron a desvanecerse en el mar. Tan pronto como se hicieron nítidas, inmediatamente llamaron la atención de Jacira, quien finalmente pareció despertar. En la pantalla las escenas se sucedían.

Una mujer hermosa y muy bien vestida - con ropas que señalaban un período cercano a finales del siglo XVIII, llevaba un hermoso sombrero -, tomó un bolso y salió sigilosamente de la rica mansión. A escondidas subió a un carruaje y se alejó, satisfecha y aliviada, de la hermosa casa. Fue posible captar sus pensamientos de forma clara y nítida:

"Finalmente me deshice de él. Cuando despierte estaré muy lejos. El barco sale por la mañana para las Américas y allá, con Leopoldo empezaré una nueva vida. Nada de hijos a exigir mi atención, ningún marido para pedir esto o aquello. ¡Basta! ¡Por fin libre! Nunca debí haber aceptado el deseo de mi padre de casarme con un hombre al que no amaba, incluso si fuera rico. Sin embargo, admito que para una persona pobre el dinero es un atractivo irresistible. No me culparé."

La bella mujer abrazó con fuerza la maleta llena de dinero y joyas que le había robado a su marido y siguió pensando:

"Tengo derecho a esta pequeña fortuna. Manuel tiene propiedades, estará bien. Lo soporté durante mucho tiempo, le di los niños que tanto deseaba, ahora es justo que disfrute de la vida, que sea feliz..."

Mientras continuaba la proyección, el corazón de Jacira latía salvajemente, como si recuerdos tristes se acumularan en su mente. Se sintió estrechamente conectada con esas escenas y las lágrimas corrían por su rostro. Miró a Luiz y preguntó:

- ¿Qué es esto? ¿Qué me estás haciendo?

- Estamos tratando de ayudarte. Necesitas recordar más claramente.

- No quiero recordar.

- Ese es el problema. Quieres tanto olvidar el pasado que estás borrando de tu memoria hasta tus compromisos; No puedes hacer esto, o todos los esfuerzos que has hecho hasta ahora serán inútiles. Cálmate, respira hondo y mira hasta el final, hermana mía. Necesitamos revivir tus recuerdos de la última encarnación.

Jacira amenazó con impugnar, pero, bajo las vibraciones intensas de Sergiño y Lívia, volvió a la pantalla. Las imágenes continuaron.

La bella mujer encontró a su amante al lado del barco y abrazándolo entró y se acomodó. El barco partiría pronto.

Más tarde, en la mansión, el hijo menor de la pareja se despertó - eran seis en total - llamó a su madre y no la vio. Fue directo a la cama de su padre:

- ¿Dónde está mamá? Tengo hambre...

Pacientemente, el padre bajó con su hijo a buscar a su esposa. Sorprendido por no encontrarla por ningún lado fue entonces a la biblioteca, donde tenía una caja fuerte para los documentos de su familia y otros objetos de valor. La caja fuerte abierta de repente le dio una idea clara de lo que había sucedido. Miró por encima de la mesa y vio una carta dirigida a él. Era de su esposa. En ella, Izabella se despidió de él y de sus hijos, exponiendo su versión de los hechos y la demencial decisión que había tomado. Cuando terminó de leer, Manuel se volvió loco de celos - además Leopoldo era su amigo - y por la traición y falsedad de la mujer que amaba sinceramente y a quien había brindado constante atención y cuidado. Llevó a su hijo a ver al ama de llaves y se fue frenético.

Aturdido, herido profundamente en su orgullo, permitió que oscuras intenciones se alojaran en su corazón y les dio completo refugio. Inteligente y perspicaz) dedujo inmediatamente las tramas de su esposa y amante; pasando por un almacén se llevó consigo un galón de combustible altamente inflamable. Rápidamente se dirigió al puerto y vio el gran barco que zarparía en minutos. No tuvo dificultad para descubrir la habitación que ocupaba la pareja. Bajando las escaleras a toda prisa ya no podía razonar. Tocó la cabina de la pareja y apareció Izabella completamente desordenada y en ropa interior. Al confirmar todo lo que había imaginado en el camino de casa al muelle, Manuel no lo pensó. Lanzó el contenido del galón sobre sí mismo y, fijando los ojos de la mujer que amaba, encendió el fuego.

Jacira, entre lágrimas, revivió estos hechos con extrema emoción y gritó desesperada:

-¡No! ¡No quiero ver esto! ¡No! ¡Basta!

Las imágenes se apagaron y Luiz la abrazó fraternalmente, lamentándose:

- Hermana mía, lamento tener que renovar tu sufrimiento.

- Ya me he arrepentido, ¿no? Ya le he pedido perdón a Dios y a Manuel un millón de veces...

- ¿Pauliño, quieres decir?

- Sí... Pauliño...

De repente miró a Luiz y, secándose las lágrimas, preguntó:

- La enfermedad... ¿Es por eso que está enfermo?

- Sí, está limpiando su periespíritu de las graves marcas que le dejó ese acto. Necesita pasar por este proceso de limpieza para poder continuar su viaje evolutivo. Tienes compromisos que cumplir con tus hijos, en la encarnación anterior y actual.

Luego de una breve pausa, mientras Jacira lloraba suavemente, moviendo la cabeza afirmativamente, dijo:

- No pienses más en el suicidio; no intentes escapar de nuevo, dejando a Manuel a su suerte. ¿Alguna vez has imaginado lo que podría pasarle si volvieras a hacer eso?

El llanto silencioso continuó hasta que Jacira levantó los ojos y preguntó:

- Ayúdame, por favor, no puedo hacerlo sola.

- Y todo lo que estamos intentando hacer. Tengo incluso a estos dos jóvenes cariñosos, Lívia y Sergiño, que la acompañan pacientemente desde hace mucho tiempo. Pero necesito que tú también te ayudes.

Mostrándose más resignada, Jacira tomó las manos de Luiz y Lívia:

- ¿Qué tengo que hacer? Dime por favor.

Luiz aconsejó:

- Vete a la Casa espírita de aquí del barrio. Tienen total condiciones para ayudarte. En un sueño, te he recomendado muchas veces que hagas esto; sin embargo, eres reacia.

Lívia, cariñosamente, la animó:

- Ten fe, Jacira, y ayuda a Pauliño a recuperarse. No necesitas temer. En esa casa de Jesús encontrarás la fuerza y el apoyo que necesitas. ya no te sentirás sola.

Atraída por el rostro de Sergiño, Jacira preguntó:

- ¿Quién eres?

- Este es Sergiño, hijo de Doña Eugenia – Luiz le explicó.

- ¿Entonces él fue quien la envió aquí?

- Exactamente.

Jacira miró a Sergiño y dijo sonriendo:

- Tu madre te ama profundamente.

Él le devolvió la sonrisa cuando respondió:

- Y yo también la amo.

Suspirando, Jacira decidió:

- Vale, mañana voy a buscar la Casa espírita. Lo prometo.

Después de orar juntos, calmando el corazón y la mente de Jacira, ella se durmió pacíficamente y fue devuelta a su cuerpo físico.

Luiz comentó a sus dos amigos:

- Bien, este recurso fue lo mejor que pudimos hacer por ella. Espero que funcione, porque no sé de qué otra manera ayudarla.

Lívia preguntó: .

- Luiz, por favor devuelve el equipo a nuestros acompañantes. Sergiño y yo vamos a hablar con la tía Eugenia. Creo que puede colaborar una vez más.

Capítulo 17

Lucha incesante

Jacira se despertó sobresaltada al escuchar un golpe en la puerta.

Se levantó de un salto. Se dio cuenta, por el brillo radiante del sol que veía a través de las rendijas de la ventana, que ya era tarde en la mañana.

Fue hacia la puerta y la abrió entreabierta. Se sorprendió al encontrarse con doña Eugenia. Hacía mucho tiempo que no la veía, desde que regresó de Uberaba. Haciéndola entrar, Jacira se disculpó, mirando a los niños que jugaban en el pequeño salón, ya todos despiertos:

- Hola, señora Eugenia. Entre y no se fije en el desorden. No sé qué me pasó. Normalmente no tengo el sueño tan pesado.

Doña Eugenia sonrió y respondió:

- Ni siquiera podría, con todos estos pequeños alrededor...

- Sí, pero hoy dormí demasiado. ¿Qué hora es?

- Casi las nueve. Esa es la única razón por la que llamé.

-Todo bien.

- ¿Vas a trabajar hoy?

- Ya debería estar ahí. Ahora lo mejor es avisarle que solo voy por la tarde.

Jacira enderezó el sofá roto y sacó juguetes y ropa, y la invitó a sentarse. Hubo un breve silencio y luego doña Eugenia preguntó:

- ¿Cómo estás, Jacira? ¿Tienes alguna noticia sobre Pauliño?

- Lo llamo de vez en cuando. Está triste, pobrecito. Todo va bien, solo que muy triste. Pensé que estaba un poco abatido la última vez que hablamos...

- Y... Nuestros corazones se sienten realmente apretados cuando sentimos que nuestros hijos están en problemas, ¿no?

Reprendiendo a un niño y a otro, Jacira intentó prestar atención a la conversación. Sin embargo, parecía lejana. Doña Eugenia suspiró y continuó:

- También extraño mucho a mi hijo, pero sé que está bien y eso me da fuerzas.

- Tu hijo que... que...

- Mi hijo fallecido: Sergiño. Ah, traigo una foto de él aquí conmigo.

Sacando la foto del bolso se la mostró a Jacira, quien apenas la vio gritó de asombro. Doña Eugenia la tomó del brazo, para sostenerla, y preguntó preocupada:

- ¿Qué fue? ¿Estás sintiendo algo?

Pálida y temblando, ella respondió:

- Yo... conozco a este muchacho...

- ¿Lo conoces? ¿De dónde?

Jacira, mirando fijamente a los ojos de doña Eugenia, buscó valor para explicarse. Fue el primero quien la animó:

- Dime, ¿de dónde lo conoces?

-Estoy seguro que soñé con él esta noche. No recordaba cuando llegaste, pero apenas vi la foto recordé su cara, y vienen otros pensamientos... Me siento rara...

Serena, asistida por Lívia y Sergiño, doña Eugenia le dijo:

- Recibí la misma visita durante la noche. Fue él quien me pidió que viniera a verte. Ahora veo que tenía razones de peso, que yo ciertamente no conocía.

- ¿Cómo puede ser esto, doña Eugenia? ¿Y no tienes miedo? Después de todo, está muerto...

- La muerte no existe, Jacira. Mi hijo está vivo, en otra dimensión; todavía está muy vivo y hermoso, por cierto...

- ¿Realmente no tienes miedo?

- No, Jacira, no lo tengo. Y sé que también vencerás muchos miedos cuando conozcas un poco más sobre la naturaleza humana: qué somos, de dónde venimos, hacia dónde vamos y muchas otras cuestiones que la Doctrina Espírita nos aclara.

En silencio, Jacira miró fijamente a doña Eugenia. Esta propuso:

- ¿Qué tal si vamos juntas y visitamos la Casa de los espíritus aquí en tu vecindario? Pasé por allí y vi que hoy por la tarde tienen un servicio evangélico. Puedo ir a hacerte compañía. ¿Puedes hablar con tu patrona?

Jacira aun dudaba, pero el recuerdo de la imagen del joven de la foto, viva en su mente, la intrigó tanto que terminó cediendo:

- Voy a llamar a doña Joana. Si ella está de acuerdo, trasladaré la limpieza para mañana. Hay un teléfono público a la vuelta de la esquina.

- No necesita; toma, usa mi teléfono celular.

Jacira pronto colgó y dijo:

- Ella aceptó, puedo ir mañana.

- Excelente. Así que después del almuerzo iremos al núcleo espírita, ¿está bien?

Acompañando a doña Eugenia hasta la puerta, Jacira confirmó:

- Hasta más tarde entonces. La espero señora.

Cerró la puerta, apoyó la cabeza en ella y, cerrando los ojos, murmuró:

- No sé por qué estoy haciendo esto...

En un instante su atención se desvió hacia los niños pequeños que se peleaban en un rincón y hacia el bebé, que lloraba de hambre.

Doña Eugenia llegó a la hora acordada, y poco antes de las dos entraban juntas al núcleo espírita cerca de la entrada a la favela. Le siguieron de cerca Sergiño y Lívia. Antes de entrar, la joven le dijo a su primo:

- Bien, Sergiño, creo que por fin podemos estar más tranquilos. Creo que, a partir de ahora, Jacira se dejará envolver por las energías reparadoras de esta casa y nuestra influencia estará más presente. Creo que deberías regresar a Uberaba y cuidar a nuestro pequeño.

- ¿Así, inmediatamente?

- Creo que es mejor. Siento que nos necesita.

Un poco molesto, y por otro lado dispuesto a ayudar al niño, Sergiño asintió:

- Entonces me voy. ¿Te quedarás aquí?

- Sí. Seguiré acompañando a Jacira. Ella dio solo el primer paso.

- Está bien.

Se despidieron. Al poco tiempo, Sergiño llegó al hospital del pénfigo. Sorprendido por un ligero revuelo en la habitación de doña Aparecida, fue recibido por Casandra, quien pronto le explicó lo sucedido. Sergiño descubrió que era Pauliño quien lloraba, acostado en el sofá, mientras doña Aparecida le hablaba, con cariño, pero con firmeza:

- Ya no puedes hacer esto. ¿A dónde irías sin dinero?

Frotándose la cara mojada por las lágrimas, el niño dijo, entre sollozos:

- Iba a pedir dinero en la calle, hasta que llegue a São Paulo.

- Ay, hijo mío, no puedes huir así. Es la segunda vez. Necesita recibir tratamiento, recuperarte para poder regresar a casa para siempre. ¿Vas allí enfermo? ¿Cuál es el punto? Entonces tendrás que volver...

- Extraño a mi madre. No puedo prescindir de ella.

Mientras abrazaba cariñosamente al niño, la doña Aparecida intentaba al mismo tiempo consolarlo y llamarlo a entrar en razón:

- Sé que la extrañas y estoy segura que ella también. Resulta que si no cooperas, tomará aun más tiempo estar con ella otra vez. Tienes que ayudarte, Pauliño, para que el tratamiento sea más eficaz.

-¿Cómo?

- Intenta calmarte y pensar en otras cosas además de tu madre. Sé que la extrañas, que nunca antes te habías alejado de ella; pero piensa que pronto la volverás a ver, y no hace falta que huyas para hacerlo.

- ¿Qué pasa si me toma mucho tiempo sanar? ¿Cuánto tiempo estaré sin ver a mi madre?

- No lo sé... ¿No has hablado con ella por teléfono?

- Sí…

- ¡Pues entonces ya está muy bien! Ya puedes aliviar un poco la nostalgia. Vamos, por favor no hagas más eso. Nos asustaste a todos. Soy responsable de ti mientras estés aquí y, por muy difícil que me resulte, te advierto: si vuelves a hacer esto tendré que llamar a tu madre para que te lleve, aunque nada haya mejorado.

Doña Aparecida guardó silencio y miró al niño esperando su reacción. Pauliño bajó la cabeza y, todavía sollozando, reiteró:

- Es que la extraño demasiado...

Doña Aparecida hizo beber al niño unos sorbos más de agua y, acariciándole cariñosamente el cabello y orando pensativamente por él, esperó a que se calmara, hasta quedarse dormido. Luego lo llevó a su habitación y lo acostó en la cama, dejándolo dormir toda la tarde.

Sergiño, aprensivo, preguntó a Casandra:

- ¿Entonces esta es la segunda vez que intenta escapar?

- Sí, lo ha intentado antes.

- ¡En tan poco tiempo!

- Así es.

- Por eso Lívia estaba preocupada, y claro que ella ya lo sabía. Doña Aparecida no lo va a expulsar, ¿verdad?

- No sé. Tiene que ser fuerte y colaborar, porque hay muchos pacientes que cuidar y todos la necesitan. Por mucho que trate a Pauliño con sumo cuidado, le preocupan sus intentos de escapar. ¿Imaginas las consecuencias, si le pasa algo malo, bajo su responsabilidad? Podría perjudicar todo el trabajo que se realiza en esta casa. Doña Aparecida no lo permitirá.

- Necesitamos hacer algo.

- Estamos trabajando duro para él. Hoy por la noche hacemos trabajo de adoctrinamiento en este hogar. Vamos a dedicarlo íntegramente a Pauliño.

- ¿Crees que está bajo alguna influencia? No veo nada.

- Lo invitaremos a estar con nosotros, en espíritu, y lo animaremos a hablar. Deseamos despertarlo a su realidad espiritual, y así hacerlo colaborar más conscientemente.

- Me gustaría mucho participar.

- Tu ayuda es bienvenida.

Capítulo 18

Una visita inesperada

En el hospital las tareas se desarrollaron intensamente hasta el final de la tarde. Doña Aparecida se retiró temprano, para prepararse para las tareas de la noche.

Pauliño estaba agitado y no podía concentrarse en nada. Por mucho que intentaba mantener la calma, se sentía ansioso, como si tuviera miedo de algo. Una de las asistentes del hospital inició una conversación mientras le daba el baño medicinal de la noche:

- ¿Qué tienes hoy, Pauliño? ¿Por qué estás tan inquieto? ¿Qué pasa?

- No lo sé. Estoy nervioso...

- ¿Sin motivo?

- Creo que extraño a mi madre.

- ¿No hablaste con ella ayer?

- Hablé. Y no me pareció bien...

- ¿Por qué? ¿Qué dijo ella?

- Nada... Tuve la impresión que estaba preocupada...

- Pauliño, es fundamental que te ayudes tú mismo. ¿No te sientes mejor desde que llegaste aquí?

El niño pensó un momento y luego admitió:

- Estoy bien si. Pero también extraño mucho a mi madre.

- Lo sé, es natural; nunca te habías alejado de ella, ¿verdad?

- Nunca.

- De todos modos, mira tu cuerpo, presta atención.

Pauliño examinó los brazos y las piernas. Luego miró a la joven, intentando enmendar las cosas. Ella dijo:

- Aunque todavía no muestras mejoría, la enfermedad está estacionaria. No avanza nada. Y si Dios lo permite, pronto retrocederá. ¿No es eso lo que quieres?

- Sí, eso es lo que quiero.

- Pues bien, Pauliño, cálmate y relájate un poco. Todo estará bien, pero es fundamental que creas más en la ayuda que estás recibiendo en este hospital. Hay que tener confianza en doña Aparecida.

- Yo confío en ella; Confío mucho en ti.

- Entonces prométeme que no volverás a huir de aquí. Vamos, promételo. Si intentas escapar de nuevo, es posible que tengas que volver a casa temprano.

-¿Por qué? - Dijo asustado.

- Porque estás bajo la responsabilidad de doña Aparecida. No puedes huir sin hacerle daño, ¿entiendes?

- Creo que sí.

Tomando afectuosamente las manos del niño, la enfermera se las lavó tiernamente, luego sonrió y concluyó:

- Ahora vístete y ve a cenar. Hoy todo el mundo se acuesta temprano.

-¿Por qué?

- Hoy es el día para descansar más. ¡Es parte del tratamiento!

Pauliño se acostó y cenó en silencio, observando a los demás pacientes, algunos en situación mucho peor que la suya.

Un tiempo después que todos se hubieran retirado, doña Aparecida inició su visita, de habitación en habitación, para orar, pasar y hacer vibrar a los pacientes, uno por uno. Acompañada de dos trabajadoras de la casa, que la apoyarían, inició la tarea. Trató a cada paciente con cuidado y dedicación. Casi todos tenían una enfermedad espiritual más pronunciada que la que consumía sus cuerpos físicos. La aplicación de pases, realizada por las benditas manos de doña Aparecida, contribuyó decisivamente a la recuperación de un gran número de pacientes. ¡Muchas, algunas mujeres, después del tratamiento espiritual, experimentaron una mejora visible! Y una recuperación más rápida.

Fue el turno de Pauliño. Doña Aparecida entró en la habitación que compartía con otro niño mucho más pequeño, el pequeño dormía profundamente. Pauliño tenía el sueño más ligero y, al notar movimiento en la habitación, se despertó y se sentó en la cama, alarmado:

- ¿Qué pasó?

- Oremos juntos.

En silencio, contempló la suave imposición de las manos de doña Aparecida sobre su cuerpo. Ella comenzó a orar y, de repente, el niño lanzó un grito de horror, preguntando temblando:

- ¡Sáquenlo de aquí, por piedad, sáquenlo de aquí!

Doña Aparecida y los demás cooperadores oraron y vibraban mucho amor para Pauliño, quien, transfigurado, rogaba:

-¡Sáquenlo de aquí, no lo soporto más!

Uno de las asistentes pregunta en voz baja:

-¿Es esto un obsesor?

- Creo que no; es algo más.

Dirigiéndose a Pauliño, le preguntó dulcemente:

- ¿Por qué te molesta?

- Está todo quemado; ¡Es horrible! No quiero ver más... Está quemado... No quiero verlo.

- ¿Qué otra cosa es lo que ves?

- Ella me mira con una cara desdeñosa... Con aire de desdén...

Inmediatamente rodeada de los trabajadores espirituales que la asistieron, doña Aparecida tuvo acceso a los recuerdos que emergían de la mente de Pauliño; entonces, corrigió:

- A ella le importa, sí, mucho.

- Ella me abandonó...

- No sabía lo que estaba haciendo.

- Ahora me abandonó otra vez...

- No, eso no pasó. Ella te espera para que juntos puedan retomar la tarea que fue interrumpida y empeorada en la otra experiencia que tuvieron.

- Ella se ríe...

- Es que está aterrorizada, no sabe qué hacer.

- Se ríe mientras yo muero.

- No, ella grita, corriendo a tu encuentro.

- No veo eso. Solo la veo riéndose a lo lejos...

Doña Aparecida continuó narrando lo que el niño no había podido ver:

- Está llorando mucho, arrepintiéndose de haberte abandonado. Está volviendo a casa, para estar con los niños... Eso es lo que quería hacer, pero Leopoldo no se lo permitió. La arrastró hasta la habitación del barco y la encerró por el resto del viaje... Por el resto de su vida... No podía regresar.

Pauliño gimió suavemente y suplicó:

- No quiero ver más... Sácalo de aquí... Está ardiendo...

Doña Aparecida le dijo en tono severo:

- Míralo, firmemente.

- ¡No quiero!

- ¡Mira, mira lo que te hiciste!

- ¡No por favor!

-¡Mira lo que te hiciste, Pauliño!

- ¡No! El fuego me está consumiendo... El cuerpo está en llamas... Está quemando...

Doña Aparecida abrazó al niño, que sollozaba, y lo consoló:

- Llora, hijo mío, llora. Deja que todo el dolor se desborde, para que podamos volver a llenar tu corazón con las luces del amor y del perdón.

Después de muchas lágrimas, Pauliño, un poco más sereno y todavía en trance, dijo:

- Estoy cansado de ver el fuego consumir mi cuerpo.

- Bueno, debes saber que no necesitas seguir ardiendo. Acepta el perdón de Dios y perdónate a ti mismo; así comenzará la cura. ¡Arremángate y ponte a trabajar! Puedes restaurar lo que fue destruido. Está en tus manos. Ella te está esperando y también los hijos de ayer... Todo podría ser diferente... Depende de ti.

Mientras conversaban, Lívia entró a la habitación en compañía de Jacira, desdoblada de su cuerpo físico. Cuando se encontró con el niño, se arrodilló y, suplicante, le dijo:

- Yo estoy aquí. Perdóname por favor. Nunca he olvidado lo que te causé a ti y a nuestros hijos. Por caridad, perdóname...

Pauliño mantuvo los ojos cerrados, de los que brotaban lágrimas sin cesar; finalmente repitió:

- Me estoy quemando...

Jacira lo miró con cariño y aclaró:

- Ambos ardemos de arrepentimiento y culpa. Necesitamos luchar para superar este dolor que nos consume.

- ¿No te estás riendo de mí? ¿No me desprecias con asco?

- Nunca he hecho eso desde ese día.

- ¿No? Y eso es todo lo que te veo hacer...

- Nunca más pude sonreír... Mi vida también terminó ahí, junto a ti.

Después de una emotiva pausa, preguntó:

- ¿Qué vamos a hacer?

Lívia se acercó a ambos y les aconsejó:

- Perdona, acepta y aprende nuevas lecciones. Resignación y coraje, para que puedan superar este momento y seguir construyendo un futuro mejor.

Los dos guardaron silencio. Lívia tocó el brazo de Jacira, en una señal que deberían regresar. La madre, secándose los ojos, preguntó:

-¡Ten fuerza, hijo mío, venceremos!

Salieron y Pauliño, exhausto, se recostó en la cama, mientras murmuraba:

- Izabella... Izabella...

Bajo el efecto de los pases reparadores aplicados por doña Aparecida y sus asistentes, el niño se durmió plácidamente. Al cerrar la puerta, ya fuera de la sala, la buena servidora comentó:

- Que Dios le ayude, de ahora en adelante, a recuperarse...

A la mañana siguiente, Pauliño se despertó más tarde de lo habitual y parecía emocionado. Después del desayuno, doña Aparecida le habló:

- Pauliño, ¿estudiabas antes de venir aquí?

- No, me detuve para ayudar a mi madre.

- Bueno, vuelve a tus estudios.

- ¿Como?

- Tenemos una escuela para nuestros hijos. Empiezas hoy.

Los ojos del niño brillaron de alegría. Preguntó emocionado:

- ¿A qué hora?

- Inmediatamente después del almuerzo. Y Eva te dará algunas tareas de las que serás responsable a partir de ahora: cuidar tu cama, tu ropa y otras cositas.

El niño respondió emocionado:

- No hay problema, me gusta trabajar.

- Excelente. Luego ella te guiará sobre lo que debes hacer.

Sergiño, que observaba todo, preguntó a Casandra:

- Ella es muy valiente, ¿no? Se enfrenta a todo y a todos, si es necesario, para apoyar a estos pacientes...

- Es verdad. ¡Es una luchadora intrépida!

- ¿Y pueden aprender, incluso cuando están enfermos?

- Una cosa estimula la otra.

- Pero, ¿no es demasiado esfuerzo?

- No. Todo ser humano necesita salud, educación y trabajo para progresar y evolucionar. Cuando nos falta uno de ellos, entonces sí, nos sentimos mal.

Sergiño suspiró profundamente y comentó:

- No es de extrañar que nuestra sociedad se esté deteriorando. Estos son exactamente los elementos que le faltan a la gran mayoría de la población.

- ¿Y crees que esto falta por casualidad?

- ¿Cómo así?

- Hay un esfuerzo persistente, de parte de nuestros hermanos que no quieren el desarrollo de la humanidad, para mantener a la gente enferma, sin acceso a una educación de calidad y sin trabajo.

- Sí... Es por eso que tenemos mucho trabajo por delante...

- Siempre habrá mucho trabajo para quien despierte y esté dispuesto a colaborar.

Pauliño partió feliz, en compañía de Eva, quien le daría instrucciones para sus nuevas actividades.

Capítulo 19
Venciendo el prejuicio

Pasaron los meses. Después de esa noche, Pauliño se resignó y, así, empezó a cooperar con el tratamiento que recibía, especialmente desde el plano espiritual. Comenzó a asistir a clases y, a medida que demostraba más energía y entusiasmo, también ayudó en otras actividades sencillas. La ausencia de su madre seguía doliendo; pero ahora, a pesar del anhelo de su corazón, había adquirido un nuevo entusiasmo, un gran deseo de mejorar; algo había cambiado dentro de él.

Jacira, a su vez, se convirtió en una visitante habitual de la Casa de los espíritus. Cuando entró por primera vez en aquel hogar de Jesús, sintió sospechas. Se sentó en la silla, asustada. Doña Eugenia, tocándole las manos, trató de animarla:

- Quédate en paz; todo va a estar bien.

Ella susurró:

- Tengo miedo.

-¿De qué?

- Desde este lugar... ¿Qué van a hacer aquí? ¿Voy a ver sangre?

Doña Eugenia sonrió y la tranquilizó:

- No, Jacira, nada de eso pasará. Cálmate.

Jacira miró a su alrededor con sospecha. Al frente del modesto salón había una mesa, no muy grande, con algunas sillas. Alrededor de esa mesa estaban sentadas cinco personas: una en cada cabecera y tres en el medio. Todos permanecieron en silencio, concentrados. Sobre la mesa, un bonito jarrón con flores naturales: rosas y lisiantos blancos, decorado con delicadas flores silvestres amarillas. Ella también notó algunos libros, una jarra de agua y vasos pequeños en una bandeja. Aunque nada escapó a su observación, Jacira temblaba asustada. Pasaron dos horas y unos minutos cuando una simpática señora, que estaba en el centro de la mesa, se levantó, saludó a los presentes y dijo una oración muy bonita. Dulce emoción envolvió a Jacira. La misma señora, que coordinaba la reunión, abrió un libro, diciendo que era *El Evangelio según el Espiritismo*, y leyó un extracto. Hizo un breve comentario sobre el tema y luego otros dos participantes explicaron su comprensión del asunto.

La primera retomó la palabra para leer un hermoso mensaje, que hizo llorar a Jacira. Algunas consideraciones más y la coordinadora pronunció otra oración e invitó a algunas personas a dar el pase. Jacira permaneció atenta y vio cuando la joven que ocupaba una de las cabeceras se acercó y extendió sus manos sobre ella. Miró a doña Eugenia, quien dijo en voz baja:

- Todo está bien. Cierra los ojos y piensa en Jesús.

Jacira obedeció. Cerró los ojos, pensó rápidamente en Pauliño y luego en la dulce y amorosa figura de Jesús, pidiéndole mentalmente por su hijo. De repente, un fuerte calor recorrió todo su cuerpo. Sentía que flotaba, como si su peso hubiera desaparecido. Un enorme bienestar la invadió por completo y quiso llorar de alegría, una alegría que le resultaba incomprensible. Pronto la chica que le había aplicado el pase se alejó, pero esa sensación de ligereza persistió y Jacira se entregó a ese momento sublime. Posteriormente, la líder del servicio evangélico cerró las actividades con una oración profunda y sentida, y luego una colaboradora recorrió la sala ofreciendo vasos de agua. Jacira le preguntó:

- ¿Qué es esto?

- Es agua fluidificada

- ¿Qué?

- Agua con fluidos curativos, depositados por los trabajadores espirituales que nos ayudaron esta tarde.

Jacira bebió el agua, en actitud de reverencia que no pasó desapercibida para doña Eugenia; luego siguió sentada, esperando lo que vendría. Vio que la gente empezaba a salir y se dirigió a su compañera, quien la invitó:

-¿Vamos?

-¿Ya terminó?

- Sí, se acabó.

- ¿Eso es todo? Quiero decir... Fue bueno.

- Te sentiste bien, ¿no?

- Muy bien. Ha pasado un tiempo desde que olvidé mis problemas de esa manera. Es como si ellos, de repente, desaparecieran de mi mente, de mi vida. Realmente no entendí lo que leyeron ni lo que dijeron, lo que sí sé es que me pareció hermoso y me sentí ligera y feliz, como hacía mucho tiempo que no me sentía.

Doña Eugenia sonrió satisfecha y explicó:

- Con el tiempo comprenderás mejor los comentarios y lecturas; pero el bienestar que sentiste es sin duda la experiencia más importante. Cuando estamos en compañía de amigos espirituales que trabajan bajo el mando del Maestro Jesús, nos sentimos más ligeros y confiados. La Doctrina Espírita nos aclara, nos enseña y nos ayuda a comprender la vida; sobre todo, nos infunde paz, alivio y esperanza.

- Pensé que era diferente... No lo sé...

- Los prejuicios muchas veces nos impiden recibir verdaderas bendiciones de Dios.

- ¿Qué quieres decir?

- Cuando dejamos que una idea falsa sobre algo que no sabemos nos impida verlo mejor y saber realmente de qué se trata, podemos impedir que orientaciones y descubrimientos significativos alivien nuestro corazón y nos inspiren a vivir mejor; es decir, corremos el riesgo de perder valiosas oportunidades solo porque nos negamos a mirar cosas nuevas con tranquilidad y una mente abierta.

Caminando juntas, pasaron por una pequeña librería, donde doña Eugenia compró un ejemplar del libro Pan Nuestro, transmitido a Francisco Cándido Xavier por el espíritu Emmanuel. Se lo entregó a Jacira:

- Toma este libro y léelo antes de irte a dormir y al despertar. Es hermoso, lleno de lecciones dadas por el Maestro Jesús; te ayudará a sentirte más cerca de Dios.

Jacira lo tomó en sus manos, lo hojeó y dijo algo torpemente:

- No sé leer muy bien.

- Los mensajes son breves y fáciles de entender. Puedes leer un poquito al día, pero no dejes de intentarlo. Este libro siempre me trae alivio y fuerza.

- Está bien; voy a intentarlo.

Doña Eugenia acompañó a la madre de Pauliño a su casa. Cuando llegaron, Jacira comentó:

- Nunca imaginé que sería algo tan bueno, doña Eugenia. Pensé todo, menos que era así... así... No sé cómo explicarlo.

- Sencillo, agradable y que habla mucho del Evangelio de Jesús, ¿no?

- Y creo que eso es todo... me gustó mucho. ¿Puedo volver?

- ¡Claro que sí! Realizan el servicio de Evangelio los martes por la noche también. Debes ir, Jacira. Será bueno para ti y tus hijos.

Se abrazaron y se despidieron.

Jacira empezó a frecuentar la casa espírita todos los martes, llevando a los niños mayores, y casi a diario leía extractos del libro que había recibido. A pesar de no ser muy parecido a ellos, cada vez que salía de la pequeña habitación lo hacía en paz y con energías renovadas. Se sintió más fuerte para afrontar su tortuosa rutina diaria y la separación de su hijo. La nostalgia aumentó; sin embargo, había ganado confianza en la mejora del niño: si su hijo también recibía esa paz y esa fuerza que la animaban, entonces ciertamente estaba bien.

Semana tras semana, la ausencia del hijo pronto cumplió cinco meses. Jacira estaba ansiosa por verlo, pero trató de concentrarse en sus responsabilidades y no reflexionar en la añoranza. Prestó más atención a sus otros hijos y trató, con sinceridad, de dedicarse a ellos como nunca antes lo había hecho.

Capítulo 20
El camino de la curación

Aunque extrañar a su madre le molestaba, Pauliño pensaba que los meses habían pasado rápido. Esa mañana se despertó más emocionado que de costumbre. Abrió los ojos y se estiró felizmente. Luego se acomodó en la cama y se volvió a tapar, aprovechando los momentos de silencio en el hospital, cuando aun podía acostarse. Pronto todo el mundo se levantaría y el ajetreo diario comenzaría de nuevo. Pensó en su madre. El anhelo apretó su pecho infantil. Observó su cuerpo y notó que algo era diferente. Levantó la manta y se revisó los brazos, que estaban bastante pelados, como si la enfermedad realmente los hubiera quemado. El dolor que sentía ya no era tan intenso. Se levantó lentamente, se sentó en el borde de la cama y sonrió al ver a los otros niños con los que compartía la habitación. Se acordó de sus hermanos menores y nuevamente la tristeza invadió su corazón. Se cambió de ropa y se dirigió lentamente a la cafetería. En el camino se encontró con doña Aparecida, que ya estaba a "un millón", dando instrucciones, hablando entre ellos. Ella se detuvo al verlo, sorprendida:

-¿Ya de pie?

- Ya casi es hora que todos se levanten.

Afectuosamente, ella lo abrazó y lo invitó:

- Entonces desayunemos. ¿Estás con hambre hoy?

- Sí, lo estoy, más de lo que he sentido últimamente. ¿Y sabes? Noté que los dolores están disminuyendo.

Doña Aparecida, contenta con la información, continuó en tono agradable:

- ¿Es cierto? ¡Qué excelente noticia! Entonces te estás sintiendo mejor?

Tomemos nuestro café y luego quiero examinarte adecuadamente. Pero la disminución de los dolores es una excelente señal.

Pauliño sonrió feliz y, de buen humor, disfrutó de su desayuno. Poco después siguió a doña Aparecida a un pequeño ambulatorio; mientras observaba atentamente las manchas y el enrojecimiento causados por el incendio salvaje, se regocijó:

- Muy bien, hijo, parece que las lesiones están retrocediendo, el tratamiento está dando resultados y no creo que demore para que ellas comiencen a desaparecer. Es una gran victoria, Pauliño. Sin embargo, debemos seguir cuidándote.

Pauliño sonrió ampliamente y preguntó:

- ¿Entonces voy a curarme? ¿Podré volver a casa otra vez?

- Sí, ahora creo que puedo decir eso sin miedo a equivocarme. Estás visiblemente mejor. La cura está sucediendo, y de adentro hacia afuera, como tiene que ser.

- De adentro hacia afuera, ¿cómo?

- Del alma al cuerpo. Sabes que no somos solo este cuerpo físico, que somos mucho más que eso. Has participado en nuestro servicio del Evangelio y nos has oído hablar sobre el tema, ¿no?

- Sí, lo sé, pero realmente no lo entiendo, señora Aparecida.

La amable señora apartó la pequeña cortina de la ventana y señaló:

- Mira, ¿ves esas hojas, en el árbol de ahí afuera?

- Las veo.

- ¿Qué mueve las hojas?

- El viento.

- ¿Y puedes ver el viento?

- No, claro que no.

- Aunque no lo veas, sabes que está ahí, ¿no?

- Sí.

- Muy bien. Ahora mira la lámpara.

Encendiendo y apagando la luz del techo, continuó:

-¿Ves la electricidad?

Pauliño dudó y finalmente respondió:

- Veo la luz.

- Bueno, es la electricidad la que hace aparecer la luz en la lámpara. Nosotros también lo somos. Dios nos creó seres espirituales, tal como Él es, y nos da un cuerpo físico para que podamos vivir aquí en la Tierra, aprendiendo y creciendo. Nosotros no somos ese cuerpo, nuestro verdadero ser es el que se expresa a través de nuestro cuerpo; este ser nunca muere y siempre progresa. Aquí estamos cuidando tu cuerpo físico, tratando de librarlo de la enfermedad que te atacó; pero sobre todo se trata de tu cuerpo espiritual, el que primero refleja la enfermedad o la salud del ser inmortal que eres tú. Por tanto, la mejora es la de ti mismo, lo que repercute en tu cuerpo espiritual y cuyos resultados percibimos en tu cuerpo físico.

Pauliño escuchó con atención. Entendió parcialmente lo que ella estaba tratando de enseñarle; a veces sus pensamientos vagaban y no entendía bien la explicación. Finalmente, doña Aparecida sonrió y dijo, poniendo su mano sobre la cabeza del niño:

- Ahora ve a clase, o llegarás muy tarde.

El pequeño se levantó y corrió hacia el estudio. Sin demora, la ocupada cosechadora del bien y amor fue a atender una llamada telefónica. Era una televisora interesada en hacer una historia con ella.

Doña Aparecida siguió comprometida con el tratamiento de Pauliño, tanto en la medicación como en los pases que casi todos las noches le aplicaba. Sabía que la asistencia espiritual que recibían los enfermos era el camino principal hacia la curación.

Siempre que podía, la líder se escabullía del Hogar de la Caridad e iba a ver a Chico Xavier. Con él intercambiaba experiencias, aclaraba dudas y retomaba fuerzas. Hubo momentos en que se sintió cansada y asustada. Tuvo conversaciones como esta con su amigo:

- Ah, Chico, ¿estoy haciendo lo que debo por ellos? ¿No me falta nada?

Él le tocó el hombro y le aseguró con cariño:

- No lo sé, hermana mía. Tu dedicación es enorme. No tengas miedo.

- Pero algunos sufren mucho y les cuesta mejorar... Ojalá pudiera hacer más por ellos.

- Haz todo lo que esté a tu alcance, lo que esté permitido. Además, ellos también tienen que ayudarse a sí mismos; tienen libre albedrío, ¿no?

- Sí, Chico, tienes razón.

- Entonces, que Jesús te siga dando fuerzas, hermana.

Ella regresó, doña Aparecida, revitalizada y lista para entregarse a sus pacientes. Ella fue la gran madre de todos ellos.

Poco a poco Pauliño se fue recuperando. Pasaron dos semanas y esa tarde Jacira llamó a su hijo, escuchando su voz amorosa y alegre:

- ¡Mamá, estoy mejorando! Doña Aparecida dijo voy a curarme y podré volver a casa. ¿Me entiendes?

Con los ojos llenos de lágrimas y temblando de emoción, respiró hondo y respondió:

- Claro hijo, en cuanto ella me diga puedo ir a recogerte.

- ¿Y cómo vas a comprar el pasaje, mamá? Es caro, ¿no?

- No te preocupes, encontraré la manera. Quédate tranquilo. Cuando tenga autorización, correré a buscarte.

- Entonces está bien.

Terminaron la conversación y Jacira, cuando colgó, estaba llorando de alegría. No podía creer que finalmente estaba recibiendo buenas noticias sobre la condición de su hijo. De un vistazo, recordó el día que descubrió la enfermedad del niño, en el hospital, y todas las dificultades que había enfrentado para llevarlo al Hogar de la Caridad, en Uberaba. Sonrió feliz y sintió una inmensa gratitud invadir su corazón. Regresó a casa y, cogiendo el libro que había recibido de doña Eugenia, leyó un extracto; luego lo cerró, lo apretó contra su pecho y dijo en voz baja:

- Gracias Dios mío por todo. Sé cuánto nos ayudaste.

Luego miró a su alrededor y continuó:

- Gracias a los amigos espirituales que están aquí y que nos ayudaron en este momento difícil. Muchas gracias. No sé cómo podría agradecerles, pero que Dios los bendiga y los apoye.

Las lágrimas corrieron por el rostro de Sergiño, mientras acompañaba la sincera oración de agradecimiento que fue elevada al cielo. Notó que pequeños rayos de luz brillaban desde el corazón de la señora de la casa durante la conmovedora oración. Él, a su vez, conmovido por los pensamientos y emociones de Jacira, estaba igualmente feliz.

Luiz, mentor espiritual de Jacira, le tocó el hombro con simpatía y comentó:

- Es bueno sentirse útil, ¿no? Cuando alguien a quien nos dedicamos, aun sin ser conscientes de nuestra presencia, pueden recibir nuestra ayuda, su mejora ya nos trae un profundo bienestar.

Secándose los ojos, Sergiño dijo:

- Es verdad. Verlos superar sus problemas me produce mucha alegría. Sin embargo, esta oración de Jacira me conmovió de manera especial. No sé cómo explicarlo exactamente.

En ese momento llegó Lívia y abrazando a su primo saludó:

-Es bueno verlos. ¿Todo bien por aquí?

- Muy bien. ¿Y con Pauliño?

- Recupera su salud cada día.

- Entonces, ¿se curará pronto?

- Creo que muy pronto podrá dejar el hospital.

- ¡Qué gran noticia!

- ¿Cómo ha sido tu estancia aquí, Sergiño?

- Excelente. No hace mucho fuimos testigos de una hermosa oración de agradecimiento de Jacira, que me alcanzó en lo más íntimo; ni siquiera sé cómo explicar por qué.

- Estás feliz de verlos mejor, ¿no?

- Siento que no es solo eso. Parece que hay algo que no puedo identificar.

Lívia miró a Luiz, quien aclaró:

- Bueno, creo que tu tarea está a punto de terminar.

Lívia completó:

- En cuanto los dos estén firmes y equilibrados podremos regresar a la Colonia.

- Bueno, entonces creo que le debo algunas explicaciones a nuestro hermano.

Lívia, leyéndolo rápidamente en su mente, asintió:

- Sí, Luiz, creo que será útil para el aprendizaje de Sergiño.

El protector de aquel hogar continuó:

- La alegría que experimentaste, esta profunda emoción que tomó cuenta de ti, tiene que ver con la paz y el perdón. Fue como un bálsamo para tu alma.

- En cuanto a la paz, solo puedo estar de acuerdo. Pero, ¿el perdón?

¿A qué te refieres con eso?

- Que se siente aliviado que Jacira esté encontrando nuevamente su camino en su existencia actual.

Sergiño lo escuchó atentamente. Él continuó:

- Estuviste con Jacira y Pauliño, en la encarnación en la que eran marido y mujer.

-¡¿Yo?! ¡No recuerdo nada!

Esta vez fue Lívia quien habló:

- Es que todavía no has empezado a recordar tu encarnación anterior.

Luiz retomó las explicaciones:

- Eras un amigo cercano de la pareja. Descubriste la relación de Jacira con Leopoldo; sabías de su intención de abandonar a su marido, a su familia, y no hiciste absolutamente nada. Eran muy ricos y tú tenía grandes intereses en juego; pensaste que era mejor no arriesgar sus intenciones para salvar su matrimonio. Permaneciste en silencio, observando la tragedia quien los derribó.

Sergiño se puso serio. La narración de Luiz le sonaba familiar, como si supiera cuál sería la frase, la siguiente palabra a decir. Sabía que era verdad y eso lo entristecía.

- ¿Entonces podría haber ayudado y no lo hice?

- Sí, hermano, te omitiste y solo observaste los hechos. Cuando se desarrolló la tragedia, empezaste a culparte a ti mismo, a cobrarte. Sabías que podrías haber hecho algo para evitarlo.

Sergiño meneó la cabeza, entendiéndolo todo.

- ¿Entiendes ahora por qué la oración de Jacira tocó tanto tu corazón?

- Claro que sí, ella me trajo la paz, como dijiste.

- Sí. Aunque no lo recuerdes, todos estos hechos quedan almacenados en tu inconsciente, en lo más íntimo de tu ser.

Un completo silencio reinó en el ambiente. Mientras Jacira dormía a los niños y también se acostaba, Lívia abrazó a su primo animándolo:

- No estés triste, solo hay motivos para estar feliz. Todos llevamos en el corazón marcas de faltas pasadas. ¿No es maravilloso poder volver sobre nuestros caminos, actuar para corregir nuestros errores?

Sergiño reflexionó un momento y concluyó:

- Veo que no fue casualidad que me dieron la tarea de ayudar a esta familia; y es por eso que inmediatamente sentí tantas ganas de hacerlo.

Lívia sonrió y dijo:

- Nada sucede por casualidad, Sergiño.

Capítulo 21

Dulce reencuentro

El tiempo siguió su curso. Cada día Pauliño caminaba hacia la curación de su cuerpo y su crecimiento interior, con la ayuda de las lecciones de Evangelio que recibió en el Hogar de la Caridad. Jacira, por su parte, siguió frecuentando la Casa espiritual, donde participó de un grupo de estudio. Fue invitada por uno de los miembros del grupo, en respuesta a repetidas consultas que ella hizo sobre temas espirituales:

- Ven a estudiar con nosotros los jueves. Entonces, me gustaría aclarar estas y muchas otras dudas que tengas. Ese día tenemos más tiempo para hablar, ya que el trabajo es centrado exclusivamente en el estudio del Evangelio y la Doctrina Espírita.

Jacira vaciló:

- Creo que no podré.

- ¿Vienes los jueves?

Avergonzada, confesó:

- No. Sigue el estudio, el caso es que ni siquiera sé leerlo bien...

El muchacho sonrió y aseguró:

- No te preocupes. Aquí utilizamos un lenguaje muy sencillo, y todos los que participan pueden hacer preguntas, aunque sean las más básicas. No tienes nada de qué preocuparte. Muchos vecinos del barrio vienen a estudiar.

Jacira sonrió, más emocionada, admitiendo:

-Bueno, si me lo garantizas...

- Puedes venir el próximo jueves a verlo. Si te gusta y te sientes bien te integrarás en el grupo ¿Qué te parece?

- Lo haré.

- Excelente.

Se sumergió en el estudio y comenzó a apreciar mucho las noches de los jueves, donde aprendía con sumo placer verdades espirituales que cada vez la iluminaban y calmaban.

Esa mañana, Jacira amaneció particularmente bien.

Tan pronto como abrió los ojos, respiró hondo y miró a sus hijos que aun dormían. Notó los rayos de Sol que entraban por la ventana y se sintió agradecida por poder ver la belleza de la vida. Se levantó lentamente, sin hacer ruido, y empezó a preparar café. Sonrió a sus hijos mientras se despertaban uno a uno. María del Socorro se sentó en su regazo, asombrada:

- ¡Mamá, hoy pareces feliz!

- Y lo estoy, hija.

- Qué genial, yo también lo estoy.

Jacira acarició el cabello de la niña y, colocándola en el suelo, se volvió hacia alguien más que requería su atención. Después de dejarlos en casa de doña María, se puso a trabajar reconociendo que estaba verdaderamente feliz, como si algo extraordinario fuera a suceder ese día.

El trabajo pesado, limpiar una casa grande, la absorbió por completo. Cuando regresó a casa ya era de noche. Muy cansada, caminó apresuradamente por el callejón que conducía a su casa. Al pasar la esquina de la esquina, pensó en Pauliño. Miró su reloj: eran las ocho. Estaba segura que todavía estaba despierto. Buscó su tarjeta telefónica en su bolso y llamó a Uberaba. Ella fue atendida y no pasó mucho tiempo para escuchar la radiante voz de su hijo al otro lado de la línea:

-¡Madre! ¡Puedes venir a buscarme!

El corazón de Jacira se aceleró, entre la euforia y el miedo que hubiera algo más serio con el chico. Ella preguntó, angustiada:

- ¿Por qué hijo mío? ¿Qué está pasando?

- ¡Adivina qué, mamá! ¡Adivina!

- Habla rápido, Pauliño. ¿Quieres darme un infarto?

- ¡Puedo salir, mamá!

- Pero solo puedo ir a buscarte cuando estés... estés... Ya sabes. No tengo dinero para ir a buscarte y luego...

Pauliño no la dejó terminar:

- No mamá, ¿no lo entiendes? Ya estoy casi bien. ¡Doña Aparecida dijo que si vienes puedo irme a casa!

Las lágrimas corrieron por el rostro de Jacira e insistió

:- No estás bromeando, ¿verdad? Sabes que quiero verte más que nada. Solo que no puedo ir y venir...

- Mamá, ya no tendré que quedarme aquí. Ya casi estoy curado y puedo terminar el tratamiento en casa.

- ¿Es eso cierto, hijo mío? ¿Es cierto?

- Por supuesto que lo es.

- Dios mío, no lo puedo creer... Hablé contigo el jueves y no dijiste nada. Solo dijiste que estabas mejorando...

- Y nunca podré decir cuánto he mejorado, ¿verdad mamá? Siempre me siento feliz y mejor.

- Pero no pensé que sería tanto. ¡Qué vergüenza!

- Ahora espera, te voy a pasar a doña Aparecida.
Ella quiere hablar contigo.

- Entonces hija, ¿quieres o no buscar a tu pequeño?

- Por supuesto que quiero. ¿Está realmente curado?

- Virtualmente. Unos días más de tratamiento y medicamentos para mantenimiento. Creo que solo será necesario esto: ¡el niño se recuperó valientemente!

- Gracias a usted, doña Aparecida.

- No, hija. Gracias a Dios, a Jesucristo y a los buenos espíritus que siempre nos ayudan.

- Sí, gracias a todos ellos y a ti también.

Después de hablar, la señora Aparecida preguntó:

- Entonces, ¿cuándo crees que podrás venir?

- Mira, ya veré. Aunque no tengo mucho dinero, me las arreglo...

- Pagaremos el billete de regreso de Pauliño.

- Pero ya has hecho tanto por nosotros...

- Es un chico de oro. Lo haremos con la mayor alegría.

- Veré qué puedo hacer aquí. Quizás mi patrona me preste el dinero del pasaje; en cuanto esté todo hecho llamaré para confirmar la fecha. Iré lo más rápido que pueda.

Tres días después. Jacira llegó al Hogar de la Caridad.

Se detuvo en la puerta, extremadamente conmovida. Se detuvo a mirar esas benditas paredes, esas ventanas, ese piso, ese verdadero hogar que los había acogido meses antes en tan difíciles condiciones. Sonrió levemente al recordar su enorme resistencia y dijo en voz baja:

- Dios mío, ¿y si no hubiera recibido tanto apoyo? ¿Qué hubiera sido de mí? Y pensar que rechacé la ayuda que me llegó de todos lados.

Con dulce emoción cruzó la puerta, acompañada por Lívia y Sergiño, que emitían vibraciones de alegría. Pauliño, muy vestido, esperaba a su madre, sentado en la sala. Tenía un libro en sus manos y estaba leyendo cuando escuchó la voz de Jacira:

- ¡Cómo te extrañé, Pauliño! ¡No quiero volver a estar lejos de ti, hijo mío!

En el largo abrazo que intercambiaron, todos los sentimientos fueron revelados, sin necesidad de una sola palabra.

Los dos estaban en perfecta armonía y podían hablar sin decir nada. Sus almas se sentían más unidas que nunca.

Jacira mantuvo una larga conversación con doña Aparecida y permaneció en el hospital todo el día, recibiendo orientación sobre cómo cuidar al niño en las próximas semanas. Entonces la amable señora invitó:

- ¿Quieres pasar la noche con nosotros? Estudiaremos el Evangelio. Esta ha sido la mejor medicina para Pauliño.

Jacira pensó un momento y respondió sonriendo:

- Sí, quiero. Si podemos quedarnos aquí hasta mañana, lo aceptaré con mucho gusto.

Aquella noche del Evangelio fue especialmente conmovedora para Jacira. Doña Aparecida no le había dicho nada, pero participaría Chico Xavier, que ya era muy mayor. Y cada vez que venía, el servicio evangélico se hacía más luminoso y vibrante. Jacira conoció de cerca a aquel ángel en forma de hombre, que le causó una impresión inusitada por la pureza de su mirada, la dulzura de su voz y la suavidad de sus gestos. Cuando lo abrazó al finalizar sus tareas, no pudo contenerse y lloró profusamente. Chico, fraterno y cariñoso, alivió sus lágrimas y recomendó perseverancia.

Más tarde, acostada en la cama, Jacira no podía dormir. Todavía sentía la presencia de Chico Xavier; no podía dejar de pensar en él y en la bendición que fue ese encuentro. Las emociones que había experimentado a su lado le eran desconocidas hasta entonces. Había despertado todo lo mejor que tenía dentro de ella. En las primeras horas de la mañana, el sueño la venció.

Tan pronto como salió el Sol, Jacira se despertó renovada. Sin cansancio ni signos de fatiga por una mala noche de sueño. Se sintió genial. Ayudada por su hijo, hizo la cama y luego el modesto equipaje del niño. Al ver entre sus cosas el libro del *Pan Nuestro*, preguntó:

- ¿De dónde vino este libro?

- Me lo dio el tío Chico.

- ¿De él mismo?

- Sí. Incluso tiene un autógrafo, mira.

- Qué bonito, hijo. ¿Y sabes leer?

- Un poco. Aunque es un poco difícil, está muy bien.

- Es cierto. Leeremos juntos en casa. Quien sabe uno ayuda al otro.

Pauliño sonrió, complacido al notar los cambios ocurridos en su madre. Ya no era la mujer amargada y triste que había sido antes. Había ganado una nueva luz en sus ojos. Ella era aun más hermosa.

Se despidieron de todos entre lágrimas y abrazos cariñosos, observados por Lívia y Sergiño. Éste preguntó:

- ¿Vamos con ellos, Lívia?

- Hoy no creo que sea necesario. Por ahora, disfrutemos un poco más de la interacción con nuestros hermanos del Hogar de la Caridad. ¿Como te sientes?

-¡Muy feliz! Nunca pensé que podría verme tan bien como estoy ahora.

- Y eso es natural, Sergiño. La alegría más sublime que podemos experimentar es la que sentimos al ayudar a nuestros hermanos que necesitan ayuda.

Unas horas más tarde, Pauliño dormía plácidamente sobre el hombro de su madre, en el autobús rumbo a São Pablo. Dejaron atrás amistades y se abrió una nueva vida por delante. Fue un nuevo comienzo para ambos.

Capítulo 22

Perseverancia

A pesar del largo viaje, Jacira vio con alivio las escaleras que conducían a su casa. Pauliño sonrió al ver la estrecha y conocida ventana de la casita. Tan pronto como se acercaron, se liberó de las manos de su madre y corrió escaleras arriba. Cuando abrió la puerta y vio a sus hermanos en compañía de doña María, gritó exultante:

- ¡Hola a todos! ¡Volví!

La buena señora que cuidaba a los niños mostró una gran sonrisa y brazos generosos para recibir al niño. Abrazándolo, preguntó:

- ¿Estás mejor, Pauliño?

- Estoy curado, señora María. Gracias a Dios y también a Doña Aparecida. ¿La conoces?

- No, pero tu madre me habló del hospital que dirige, allá en esa ciudad lejana.

- Uberaba. El hospital está en Uberaba.

- ¿Eso significa que realmente sanaste?

Quitándose la camiseta, Pauliño se propuso lucir su cuerpo:

- Mira, ya casi estoy bien. Las manchas son tenues y la señora Aparecida dijo que desaparecerán por completo. Me quedaré como estaba antes.

- ¡Qué maravilla, hijo mío! ¿Y tú, Jacira? Luces cansada.

- El viaje fue agotador, sí, pero estoy muy bien. ¿Cómo va todo aquí? ¿Cómo están los niños?

- Todo está en orden, hija mía; corrió todo bien.

Ahora háblenme de ustedes.

En medio de la animada charla, Jacira le contó a su amiga los detalles del viaje. Finalmente se despidieron y ella preparó la cena para sus hijos esa noche, con el corazón agradecido. Mientras cocinaba, de vez en cuando miraba a su hijo mayor, quien jugaba y hablaba con los más pequeños, al mismo tiempo que la ayudaba, atendiendo a sus peticiones. Se sintió realmente feliz escuchando la voz de Pauliño que llenaba la casa de alegría.

Después de cenar, acostó a todos y se fue a la cama también. Estaba cansada y quería descansar. A la mañana siguiente se levantó muy temprano y se disponía a salir cuando se acercó Pauliño:

- ¿Ya vas a trabajar?

- Es necesario, hijo. Doña Joana me necesita; la dejé colgada unos días y tengo que ponerme al día.

- ¿Y yo? ¿Buscaré a Luizón?

- No, Pauliño, hoy no. Quédate con tus hermanos y cuida de ellos. Hablaremos esta noche. Espera unos días más hasta que puedas... ya sabes... volver al servicio.

El niño bajó la cabeza y murmuró:

- Quería seguir estudiando...

Jacira le acarició el cabello y preguntó:

-Hablaremos de eso esta noche, ¿vale? Cuida a tus hermanos. Si necesitas algo, ya sabes, pídeselo a doña María. Ella te preparará el almuerzo.

Pasaron dos semanas y la rutina, poco a poco, se fue restableciendo en la vida de Jacira y su familia. Esa noche regresó a casa exhausta. Cuando abrió la puerta escuchó a los niños más pequeños peleando y la voz de Pauliño, tratando de controlarlos. Entró lentamente, miró a su alrededor y, sin decir mucho, empezó a ocuparse del trabajo. Pauliño notó que su madre estaba en silencio y distante. Terminada la cena y acostados los niños, Jacira se sentó a la mesa y comenzó a escoger los frijoles para el día siguiente. Pauliño se acercó y preguntó:

- ¿Qué tienes, mamá?

Mirándolo, ella fue concisa:

- Nada, muchacho, está todo bien.

- ¿Sucedió algo?

- No, ya dije que no.

- Estás triste, mamá. Y ya veo que no tiene sentido negarlo.

Jacira sonrió levemente y levantándose para lavar los frijoles comentó:

- No tienes remedio, ¿no? No se te escapa nada, Pauliño.

Después de una breve pausa, volvió a sentarse y dijo:

- Y esta es nuestra vida, hijo. Ella es muy difícil. Ahora que todo ha pasado, que estás aquí sano y salvo, todo está volviendo a la normalidad.

- ¿Y eso no es bueno?

- Nuestra realidad es muy dura, Pauliño. Mira a tu alrededor. Dormimos todos en una habitación, que ni siquiera está terminada. Apenas tenemos lo suficiente para comer. Me preocupa el futuro...

Colocando sus manitas sobre las manos de su madre, el niño dijo:

- Te ayudaré. Ya me curé, puedo volver a trabajar.

- No hijo. Tú y tus hermanos deberían estudiar y no trabajar siendo aun tan jóvenes. Yo tengo que darle la vuelta y ocuparme de todo...

- Quiero contribuir, mamá, para que podamos tener una vida mejor.

- La situación solo mejorará si puedes estudiar, hijo mío. No habrá futuro para ti ni para tus hermanos - al menos un futuro más digno - si no estudias. No sé qué hacer...

- Cálmate, mamá. Todo está resuelto, espera y verás. Dios nos ayudará. Él ya nos está ayudando. Mira cómo me fue todo con mi enfermedad... Fue Dios quien nos cuidó, madre.

Mientras las lágrimas corrían por el rostro de Jacira, admitió:

- Tienes razón hijo, Dios nos ayudará.

- ¡Así que no estés triste! ¿Vamos al núcleo espiritual?

- No lo sé... No quiero estar molestando a doña María todo el tiempo...

- Entonces ve, yo me quedo con los más pequeños.

Al ver la preocupación de su hijo, Jacira sonrió entre las lágrimas que insistían en caer:

- Vamos a ver. Si estoy bien, iré.

Los días pasaron y Jacira sintió sobre sus hombros el peso de las duras responsabilidades de su vida. Estaba exhausta y desanimada. Intentó ocultar a sus hijos su verdadero estado, la angustia que denotaba crecía cada día. Incluso la frecuencia del núcleo espiritual, que tanto la había sostenido durante la ausencia de Pauliño, ahora había disminuido. A veces se sentía demasiado cansada para ir a las reuniones después de un largo día de trabajo; terminó sin poder hacerlo y se acostó temprano.

Sin embargo, Pauliño notó la angustia de su madre y quiso trabajar. Ella lo había matriculado en la escuela e insistió en que pensara en otras cosas además del trabajo. Sin saber qué hacer, el niño pedía a Dios, todas las noches, que ayudara a su familia, especialmente a su madre.

Sergiño los visitaba mucho y también se preocupaba por los problemas de la familia:

- ¿Qué podemos hacer por ellos en esta situación, Lívia?

Meditó un poco, miró a Luiz y sugirió:

- Creo que debemos esforzarnos para que Jacira implemente el Evangelio en el Hogar. ¿Qué opinas?

El amigo espiritual estuvo de acuerdo:

- Sí, lo considero imprescindible.

- Necesitan adquirir fuerza para continuar y superar las dificultades que han surgido en su vida, debido a sus propias actitudes en el pasado. Solo con firmeza y fe podrán superarlos. Y esto lo lograrán a través de las bendiciones del Evangelio en el Hogar.

- ¿Y cómo vamos a actuar?

- Hablemos con doña Eugenia.

- Excelente idea.

El sábado siguiente, Jacira terminó de limpiar el fregadero de la cocina y escurrió el trapo que había usado, pensando angustiada en todos sus problemas. En ese momento tocaron a la puerta.

Cuando Pauliño estaba a punto de responder, su madre lo detuvo:

- Termina tu tarea y déjame ver quién es.

Cuando abrió la puerta se sorprendió:

- ¡Doña Eugenia! ¡Que sorpresa! Entre.

- ¿Cómo estás, Jacira? Pauliño ha vuelto, ¡qué maravilla!

- Bueno, quería llamarte, pero las prisas me detuvieron.

- No importa. ¿Como van ustedes?

Al responder, evitó la mirada del visitante:

- Estamos bien.

Doña Eugenia insistió:

- ¿Estás segura?

Jacira tartamudeó:

- Bueno... Más o menos... Quiero decir...

Se detuvo, miró a doña Eugenia y preguntó:

-¿Por qué viniste a buscarnos?

Sonriendo, doña Eugenia habló lealmente:

- Me imaginé que necesitaban ayuda para retomar sus vidas... Sé que las cosas no son fáciles para ti, Jacira.

La joven abrió su corazón y dijo con un profundo suspiro:

- Tienes razón, las cosas no son nada fáciles. He estado trabajando sin parar, pero somos muchos, los niños van creciendo y las dificultades aumentan. Ahora que Pauliño ha regresado y está prácticamente curado, no quiero que vuelva a la calle... Tenía muchas ganas que se quedara en la escuela, donde sé que pertenece... Estoy cada vez más preocupada. Mal tenemos algo para comer. Las facturas empiezan a acumularse y no sé qué más hacer...

- Pido permiso para hacer algunas sugerencias. ¿Sigues frecuentando el Centro espiritual?

- No he ido todas las semanas. A veces es demasiado difícil.

- Entiendo. Sepa, Jacira, que hay un recurso maravilloso que pongo en práctica en mi casa, con muy buenos resultados. Es el Evangelio en el Hogar, que une a mi familia y nos da fuerzas en los momentos más graves.

- He oído hablar de esto en el Centro.

- Bueno, a mí me gustaría mucho implementar el Evangelio en el Hogar, hoy, en tu hogar.

- ¿Hoy?

- Sí. Si me permites lo haremos juntas hoy, ya verás cómo va, y continuaremos más tarde en el día y a la hora que creas conveniente. Este procedimiento nos vigoriza y abre las puertas para que nuestro hogar sea iluminado y apoyado por benefactores espirituales, creando el ambiente adecuado para que ellos nos guíen ¿Qué opinas?

- Bueno, creo que siempre podemos hacerlo los sábados. Es una vez por semana, ¿no?

- Así es.

- Entonces ahora.

- Pues bien, dentro de un ratito comenzaremos el Evangelio en el Hogar. Y quiero decirte una cosa más.

Ahora doña Eugenia parecía un poco avergonzada.

- Puedes hablar.

- Jacira, la empresa donde trabaja mi esposo brinda canastas básicas de alimentos a sus empleados. Recibieron dos cestas adicionales del proveedor cada mes y le pidieron que eligiera a alguien para recibirlas. Tan pronto como lo descubrí, pensé en ti. Hay dos cestas grandes, que te ayudarán con tu comida.

- ¡Caramba eso es genial! ¿Y durante cuánto tiempo podremos contar con esta ayuda?

- No hay un plazo definido. Creo que está garantizado por al menos un año. A la hora de renovar el contrato, el año que viene, quizá cambien algo, o quizá no. Habrá que confiar en que la donación no se verá interrumpida.

Jacira sonrió aliviada:

- ¡Gracias a Dios! Con esto, es seguro que Pauliño ya no necesitará trabajar en los semáforos. Las canastas representan mucho más de lo que podría llevarse a casa. Y no vas a dejar de estudiar, ¿verdad, hijo?

Pauliño, satisfecho, reafirmó su fe:

- ¿No dije mamá que Dios nos iba a ayudar? ¡Él nunca falla!

Doña Eugenia y Jacira tenían los ojos llorosos y fue la primera que dijo:

- Y así es, Pauliño, nuestro Padre nunca nos olvida.

Poco después, doña Eugenia realizó el primer servicio de Evangelio en el Hogar con esa familia. Al despedirse recomendó a Jacira;

- No te desanimes. Trata de reunir a la familia en torno al Evangelio al menos una vez a la semana y, si es posible, lee un poco y ora todos los días. Y mediante la fe que Dios fortalecerá tu corazón y te dará coraje para luchar y vencer. No te dejes desanimar más.

- Lo intentaré, señora Eugenia, lo intentaré.

Sergiño y Lívia fueron felices testigos de todo.

Con aprobación, la joven le dijo a su primo:

- Muy bien, Sergiño, ahora creo que nuestra tarea está efectivamente terminada. Pronto podremos regresar a la Colonia.

- Pero todavía nos necesitan mucho. Ya viste cómo se veía Jacira. ¿Qué pasa si ella no puede mantenerse firme? Tenemos que apoyarlos.

Lívia, mirando dulcemente a Luiz, aseguró:

- Luiz estará listo para vigilarlos. De aquí en adelante, depende en gran parte de ellos, el esfuerzo que hacen, el compromiso que dedican a conseguir lo que ya saben. Tienen todas las herramientas que necesitan, además de un pequeño empujón extra de doña Eugenia.

- En cualquier caso, sus vidas siguen siendo muy difíciles, Lívia. ¿No podemos ayudarlos un poco más?

- No, Sergiño. Ahora, tratar de ayudar sería estorbar. Realmente tienen todo lo que necesitan para avanzar con éxito en sus vidas. La victoria dependerá de ellos.

Sergiño permaneció en silencio durante mucho tiempo y finalmente preguntó:

- ¿Entonces vamos a regresar?

- Sí, es hora de volver.

- Me gustaría volver a ver a mi familia, antes de irnos.

- Está bien.

- Algo me molesta, Lívia.

- ¿Qué es?

- Me gustaría saber cómo está la familia de Paula, mi antigua novia.

Lívia se puso seria y quiso saber por qué.

- No sé. Estoy preocupado por ellos.

- Muy bien, veremos qué es posible. Vamos a casa de la tía Eugenia y luego le pediremos autorización para permanecer algún tiempo más.

Salieron, despidiéndose de Luiz y abrazando con ternura a toda la familia, en particular a Pauliño. Sergiño se acercó al niño y, envolviéndolo con mucho cariño, le dijo:

- Quédate con Dios, Pauliño, y cuenta siempre conmigo para lo que necesites.

Sin saber por qué, Pauliño sonrió, a pesar de entretenerse jugando con sus hermanos menores.

Capítulo 23
Inquietud

En el barrio de su antigua residencia, Sergiño sintió que el corazón le aceleraba en el pecho. Una repentina ansiedad se apoderó de él. Lívia notó el cambio en la vibración de su primo y preguntó:

- ¿Qué fue?

- No estoy seguro. Siento un miedo indefinido, una angustia... No sé cómo explicarlo.

Seria, Lívia lo miró, le tocó el hombro suavemente e invitó:

- Vamos a entrar.

El ambiente acogedor y armonioso de la casa familiar del joven, sostenido sobre todo por el amor y la guía de doña Eugenia, dejó a Sergiño un poco más relajado. La madre estaba ocupada preparando la cena; Fabio y Sueli estaban viendo la televisión y Felipe aun no había llegado. Poco después que los dos entraron, Sueli sintió la necesidad de ir a su habitación y, sentada en la cama, miró algunas fotos de su hermano mayor. Su mirada a cada uno era como una cadencia. Al lado de su hermana, Sergiño se mostró curioso:

- ¿Fue mi presencia lo que la motivó a buscar las fotos?

- Lo fue. Ella sintió tu acercamiento y el anhelo llegó de inmediato. Sueli es joven y no podemos usar ostensiblemente su mediumnidad, sin consecuencias para su organización juvenil. Y primero necesita crecer, que haga sus elecciones, para que solo entonces podamos comunicarnos y hacerles entender exactamente lo que está pasando.

- Es una pena. Me encantaría hablar con mi hermana... Y sería tan fácil...

- Lo sé, pero no es aconsejable. Solo en casos de extrema necesidad podemos hacer esto. Por lo tanto, contente.

Sergiño sonrió dulcemente y se resignó:

- Está bien.

Doña Eugenia apareció en la puerta llamando:

- Vamos, Sueli, la cena está lista.

Cuando vio a su hija mirando fotos, se interesó y entró en la habitación:

- ¿Qué estás haciendo?

- Intentando aliviar la añoranza por Sergiño.

Con un suspiro añadió:

- Lo extraño mucho, mamá...

Doña Eugenia sonrió y dijo:

- Yo también, hija. Pero él está cerca de nosotros. Puedes estar seguro de eso.

- Lo sé, a veces lo siento muy cerca, y me dan ganas de abrazarlo, besarlo…

Los ojos de Sueli se llenaron de lágrimas y finalizó:

- Simplemente no funciona, ¿verdad mamá?

- ¿Por qué no? Pregúntale a Jesús, y tal vez ustedes dos se encontrarán para poder darle a su hermano ese fuerte abrazo.

- ¿Es posible, mamá?

- He leído sobre muchos casos en los que, a través de los sueños, las personas contactan con seres queridos que viven en otra dimensión.

- ¡Vaya, eso sería muy lindo! Voy a pedirlo.

- Ahora vamos, que la cena se está enfriando. Y Fabio se comerá todas las patatas fritas. Después no podrás quejarte allí.

- Entonces vámonos, mamá. Puede que ya se lo haya comido todo...

Durante la animada cena, llegó don Felipe y se unió a la familia. Sergiño se dejó envolver por el querido ambiente familiar y ya estaba olvidando sus preocupaciones, cuando Felipe comentó:

- Hoy conocí a Arnaldo, el padre de Paula.

- ¿En serio? ¿Dónde?

- Estaba almorzando con unos clientes y entró con su esposa.

- ¿Y cómo está?

- Él, más o menos; en cuanto a ella, Eugenia, sentí pena...

- ¿Por qué, Felipe?

- ¿Hace mucho que no lo ves?

- Mucho tiempo, sí. Como no ha asistido a las reuniones de apoyo para padres de la escuela, no he sabido nada de ella desde hace más de un año. ¿Eso significa que no está bien?

- Creo que está mal, Eugenia.

- Mal ¿cómo? .

- No sé. Estaba muy abatida y no parecía decir nada. Creo que está enferma.

-¡Vaya, Felipe! Estoy planeando ir allí esta semana.

El señor Felipe inmediatamente aprobó:

- Creo que está bien, Eugenia. ¿Paula era hija única?

- Creo que sí.

- Entonces deben estar sufriendo mucho.

- Llegué a visitarla al comienzo. Sin embargo, como sabes, insistió en culpar a Sergiño, aunque sea sutilmente. Para mí también fue difícil.

Abrazando cariñosamente a la mujer, Felipe le dijo:

- Y por supuesto que lo fue. Nadie te podía exigir nada, has estado maravillosa y muy equilibrada. Ahora, si eres lo suficientemente fuerte, sería bueno que fueras a verlos.

- La llamaré mañana; creo que todavía tengo el teléfono.

Después de la cena, la familia se reunió en la sala y la conversación continuó mientras todos realizaban alguna actividad.

Lívia le comentó a Sergiño:

- Tu intuición era correcta. Parece que la familia de Paula está en dificultades...

- Debería haber venido antes. Sin duda la situación allí es complicada. Por poco que los conozca, les falta la estructura que siento aquí en casa.

Lívia añadió:

- Es innegable que la firmeza espiritual de la tía Eugenia ha ofrecido apoyo a todos.

- Es cierto, y creo que en casa de los padres de Paula las cosas son muy diferentes. ¿Podemos ir allí, Lívia? Yo sé justo donde está.

- Necesitamos autorización, Sergiño. No podemos simplemente invadir una casa sin el permiso adecuado.

- ¿Y cómo lo haremos?

- Nos quedaremos aquí hoy. Buscaré el recogimiento y la oración para encontrarme mentalmente con mis instructores. Como este entorno es extremadamente favorable, es posible que pueda recibir orientación sin tener que irme.

- Está bien.

Mientras se preparaba para ir a la cama, se ponía el pijama y se acostaba, Sueli pensó que sería muy lindo ver a su hermano. Ella oró, pidiéndole a Jesús que hiciera realidad ese deseo, y se durmió. Sergiño y Lívia ayudaron a la niña y luego despertaron suavemente su cuerpo espiritual, también en un sueño profundo, justo encima de su cuerpo físico. Al ver a su hermano, Sueli gritó de admiración:

- ¡Sergiño! ¿Eres tú?

- Claro que soy yo, ¿ya no me reconoces?

- ¡Y estás tan bonito, tan bueno!

- ¡Ven aquí y dame un abrazo!

Sueli se aferró a su cuello y, después de un largo y cálido abrazo, preguntó:

- Explica exactamente de qué se trata todo esto. ¡Estás realmente aquí?

Y al ver su cuerpo físico, se asustó:

- ¿Qué está sucediendo? ¡Soy yo, ahí, durmiendo!

- Todo está bien, Sueli. Mírate aquí, conmigo.

Eres tú, sí.

Miró detenidamente su cuerpo etéreo, luego el cuerpo físico que dormía y encontró:

- Entonces hay dos Suelis. ¡Qué cosa tan extraña!

Se enojó cuando su hermano se rio:

- No te rías de mí, Sergiño. ¡Siempre lo haces!

- ¿Ves cómo me veo?

- Y no hay duda que eres tú.

Te extraño mucho. ¿Cómo estás? ¿Dónde vives? ¿Qué has hecho? ¿Cómo es su vida?

- ¡Vaya, cuántas preguntas!

- Tengo muchas dudas. Después que te fuiste aunque, así, estaba muy confundida. Si no fuera por mamá, creo que todos nos hubiéramos vuelto un poco locos.

- Lo sé. Doña Eugenia es una mujer especial.

Los dos hablaron durante horas. Ya amanecía cuando Lívia, uniéndose a ellos, les aconsejó:

- Es mejor dejar descansar a Sueli, Sergiño.

La muchacha murmuró:

- No, todavía no… Lívia aseguró:

- Quédate tranquilo, Sergiño y ustedes podrán estar juntos muchas veces. Ahora, realmente necesita descansar, para que este encuentro tan lindo no le resulte perjudicial, ¿vale? Puedes confiar en que la volveremos a ver.

Más satisfecha, Sueli asintió:

- Está bien, pero no tardes tanto en aparecer de nuevo…

Colocaron el cuerpo etéreo de Sueli muy cerca de su cuerpo físico y la ayudaron a conciliar el sueño. Observándola en la placidez de su sueño, Sergiño comentó:

- Parece un angelito.

A la mañana siguiente, doña Eugenia estaba preparando la mesa para el desayuno cuando entró Sueli gritando:

- ¡Vino, mamá, vino! Asombrada, doña Eugenia preguntó:

- ¿Quién, hija?

- Sergiño. Él vino, mamá. ¡Funcionó! Ayer antes de irme a dormir le pedí a Jesús que me dejara verlo y vino.

- ¿Soñaste con tu hermano?

- Eso no fue un sueño mamá, estoy segura que vino a verme. ¡Estoy tan feliz!

Abrazando a su hija, doña Eugenia dijo alegremente:

- Qué maravilloso, hija mía, poder ver a quienes amamos, aunque estén en otro plano de la vida…

- Fue muy divertido, mamá…

- ¿Qué?

- Había dos Suelis.

La niña explicó lo que vio y doña Eugenia comprendió que efectivamente la muchacha, en un desdoblamiento espiritual, había estado con Sergiño. Luego preguntó:

- ¿Y cómo está?

- Está excelente. Precioso, como siempre, y muy bien. Ah... Esa prima linda y morena de la que hablabas... La que se fue antes que Sergiño...

-¿Lívia?

- Eso, ella misma, estaban juntos. ¡Qué hermosa es, madre!

Doña Eugenia se conmovió profundamente y, secándose las lágrimas, dijo suavemente:

- Que Jesús los bendiga, hijos míos...

Capítulo 24

Espera angustiante

Sergiño abrazó a su madre y se despidió con ternura:

- Necesito irme, doña Eugenia. Gracias por todo lo que haces e hiciste por mí. Que Jesús también los siga bendiciendo y fortaleciendo siempre. Te quiero, mamá.

Doña Eugenia, como escuchando la afectuosa declaración de su hijo sonrió con gran alegría, el joven se volvió hacia Lívia y le preguntó angustiado:

- Y ahora, Lívia, ¿podemos ir a casa de Paula?

- Claro, podemos; simplemente no sé si deberíamos hacerlo.

-¿Y eso por qué?

- No creo que estemos en condiciones de ayudar de inmediato.

- Pase lo que pase, me encantaría ir, Lívia. ¡Por favor!

-Entonces vamos. Se nos permite hacerlo, siempre y cuando no nos quedemos más de unos minutos.

- Está bien. Solo necesito verlos en persona.

Se fueron. Mientras se acercaban a la suntuosa casa en las afueras del barrio de Morumbi, Sergiño se sintió incómodo. Suspiró profundamente y permaneció en silencio. Cuando llegaron, sorprendidos por el ambiente espeso que rodeaba la residencia, comentó:

- ¡Vaya, Lívia, qué ambiente tan pesado!

-Muy pesado. Por eso deberíamos quedarnos muy poco. ¿Entiendes ahora?

- Está bien, seamos breves.

Sergiño estaba a punto de entrar, pero Lívia lo detuvo:

- Oremos primero.

Lívia pidió a Jesús por ellos y por la familia, orando pidiendo ayuda del Altísimo para ese hogar. Luego advirtió a su primo:

- No importa lo que veamos u oigamos, debemos mantener nuestro corazón sereno y lleno de amor hacia nuestros hermanos y hermanas.

Entraron. Entidades con un bajo contenido de vibraciones circulaban libremente por toda la casa. La madre de Paula estaba acostada en un sofá con un vaso de whisky en la mano. Parecía completamente ajena a lo que estaba pasando allí. A su alrededor, algunas entidades masculinas y femeninas bebían las emanaciones del alcohol y también chupaban su energía vital. Su abatimiento fue impresionante. Sobre una mesita del salón, muchas fotos de Paula. Sergiño comentó, asustado:

- Dios mío, ¿cómo está mal?

- Y así es.

- Necesita ayuda, Lívia. Ella y su hija lo necesitan.

- A ver qué podemos hacer, Sergiño. Ya sabes que ninguna ayuda se improvisa. Todos somos asistidos según un orden, una organización que existe en todo. Tú lo sabes.

- Sí, lo sé, así como sé que Dios protege a todos y que la intercesión es una herramienta muy utilizada aquí en nuestro plano.

- Sin duda. En cualquier caso, dependemos de la autorización de nuestros bienhechores espirituales y también tenemos que estudiar la situación para saber cómo actuar. Viste lo complejo que era el caso de Pauliño. A pesar de tener mucha información, tuvimos grandes dificultades.

- Lo sé.

- Por tanto, no podemos improvisar la asistencia.

Todavía estaban hablando cuando una entidad espiritual que irradiaba mucha luz se acercó y dijo amistosamente extendiendo la mano:

- Debes ser Lívia; y tú, Sergiño.

Lívia respondió inmediatamente:

- Eso mismo. Se nos permitió venir aquí. Sergiño era novio de Paula y está muy preocupado por ella y su familia. Debes ser Humberto.

- Exactamente. No he estado en la casa todo el tiempo, pero sabía que vendrías y aquí estoy.

Esta vez fue Sergiño quien preguntó:

- ¿Eres el protector de la familia?

- Sí. Están bajo mi dirección, lo cual ha sido una tarea muy difícil. Desde el principio, cuando lo acepté, sabía que sería complicado. En última instancia, estaremos aquí para donar lo mejor que tengamos, independientemente de los resultados.

- ¿Por qué es tan difícil?

- La familia, desde temprana edad, optó por vivir de los bienes materiales, olvidándose por completo de los valores del espíritu, practicando el egoísmo y la soberbia sin freno ni cuestionamiento. Es difícil actuar a favor de alguien que no quiere escucharnos.

Sergiño asintió:

- Es verdad. ¿Y sabes algo de Paula?

- No tengo noticias de su paradero. En cualquier caso, no puedo irme de aquí por mucho tiempo; de lo contrario, las entidades que ocupan la casa se harán responsables, y eso no es aceptable. Tienen libertad supervisada.

- Libre albedrío - dijo Sergiño con un suspiro.

- Exacto - asintió Humberto.

- ¿Y Patricia? Parece muy mal. ¿Por qué está así?

- La pérdida de su hija trastocó por completo su personalidad.

Nunca fue cercana ni amiga de Paula. Las dos pelearon mucho. La pequeña creció únicamente bajo el cuidado de niñeras y posteriormente, cuando fue mayor, pasó largas temporadas en el colegio. Sin embargo, su repentina partida hirió el alma de Patricia. El dolor y la culpa la dominan. Su condición es crítica: la presente encarnación ya está cumplida. A pesar de hacer todo lo posible, ella rechaza todo apoyo y se sumerge cada vez más en su propio dolor.

- Quiero ayudar, Humberto.

Lívia tocó el brazo de su primo y recordó:

- Por ahora deberíamos irnos.

-¿Tan rápido?

Fue Humberto quien respondió:

- Es mejor, Sergiño. Estaremos en contacto y, si me lo permiten, estaré feliz y agradecido de recibir su solicitud de ayuda.

Aun molesto, el joven acabó cediendo.

Se despidieron y se fueron. Después de un breve viaje por el espacio, llegaron a la Colonia que se había convertido en el hogar de Sergiño. Caminando por los senderos de su nuevo hogar, preguntó:

-Ayúdame, Lívia. Tengo que hacer algo por ellos. No puedo soportar quedarme aquí sin saber cómo está Paula. De alguna manera, su muerte fue...

Lívia lo interrumpió:

- No te culpes. Ya has aprendido que eres corresponsable de lo que les pasó a ambos, pero no te culpes. No servirá de nada. Este sentimiento solo se interpone en el camino.

- Está bien, lo que quiero es ayudar. y que tú estés en esto conmigo.

- Claro. Veamos qué es posible. Si nos es permitido, haré todo lo que esté a mi alcance. Ahora bien, no dejes que tu mente se quede atrapada en la situación familiar de Paula.

Recuerda que todos somos espíritus en evolución, cada uno enfrentando las tribulaciones que necesita para despertar y cambiar de actitud. Nada nos sucede sin la autorización de Dios, quien siempre quiere lo mejor para nosotros.

Sergiño guardó silencio, pensativo. Se acercaron al agradable edificio donde vivía. Había flores de colores por todas partes y el alegre canto de los pájaros llenaba el ambiente de diferentes melodías. Con un profundo suspiro el joven dijo, mirando a su alrededor:

- ¿Sabes que extrañé este lugar?

- Nos acostumbramos rápidamente a lo que es bueno, ¿no?

- Es cierto.

Poniéndose serio, preguntó:

-¿Es hora que nos despidamos? ¿Tienes que regresar a tu casa?

- Necesito irme, sí. También siento nostalgia y allí me esperan tareas.

- Gracias por tu cariño conmigo, Lívia.

- Has sido un buen aprendiz. A veces requieres un poco más de atención, pero eres dedicado y estoy feliz de estar a tu lado. Ahora intenta comprometerte con tus estudios. Mesías y tú tienen mucho de qué hablar y trabajar sobre tu experiencia con Pauliño. Creo que el aprendizaje fue valioso. Continúa dedicándote. Cuando llegue el momento, si nos dan permiso, ayudaremos a Paula.

- Espero que ese día no sea demasiado tarde.

- Todo a su debido tiempo, Sergiño.

Después de un cálido abrazo, los dos se separaron. Sergiño entró en su habitación y no tardó en llegar Mesías a verlo. Al saludarlo le dijo:

- Quedé contento con el trabajo que hicieron con Paulo y su familia.

- Gracias.

- Noto que no estás muy contento.

Sergiño lo miró sin hablar y el instructor continuó:

- Estás preocupado por tu novia, lo sé.

- Tengo muchas ganas de intentar ayudarla.

- Sergiño, créeme. Aun no estás preparado para este tipo de asistencia.

- ¿Por qué no?

- Por experiencia sabemos que el estado de Paula es grave y requiere más práctica por parte de quienes la ayudarán.

- ¿Y por qué no la han ayudado hasta el día de hoy?

El instructor lo miró con mucho cariño, como buscando la mejor manera de decirle:

- Porque ella no quiere.

Sin entenderlo, Sergiño insistió:

- ¿Cómo, no quiere?

El instructor tocó al joven en el hombro y le preguntó:

- Ahora descansa. Esta noche tendremos una interesante charla sobre la situación de los de Umbral. Verlo será beneficioso para ti.

Todavía molesto, Sergiño respondió:

- Voy a estar allí.

- Genial, hablaremos más sobre el tema que te preocupa más adelante.

Absorbido por sus estudios y diversas actividades de socorro en su propia Colonia, Sergiño tenía poco tiempo libre. Sin embargo, cada vez que estaba solo, recordaba a su antigua novia y su familia. Unos meses después de regresar de la Tierra, todavía sentía mucha aprensión por Paula. Había intentado hablar varias veces con Mesías acerca de la posibilidad de ayudarla, y la respuesta invariable fue que no había llegado el momento.

Esa noche, cuando Sergiño se fue a la cama, se sintió especialmente ansioso y triste. Estaba aprendiendo, sabía que estaba creciendo y estaba feliz por eso. Sin embargo, no podía dejar de preocuparse por Paula. Pensó en Lívia y mentalmente le rogó que lo ayudara. Luego se quedó dormido.

A la mañana siguiente, el Sol brillaba a través de las rendijas de la ventana del dormitorio cuando Sergiño, somnoliento, escuchó una voz familiar:

- ¿Todavía durmiendo?

El joven se sentó en la cama y dijo alegremente:

- Qué bueno verte, Lívia.

- Todavía estás preocupado, ¿no?

- Mucho. ¿Has venido a apoyarme? Realmente quiero hacer algo por ella.

- Lo sé, Sergiño. Hablemos con Mesías.

- Él no quiere que vaya.

- Sabes que no es eso. Él conoce tus límites y quiere lo mejor para ti.

- Pero tú puedes ayudar, ¿no?

- Hablemos con él. Tengo autorización para acompañarte en esta tarea. Mis superiores creen que, aunque sea arriesgado para ti, podría resultar gratificante.

- ¿Arriesgado?

- Arriesgado y doloroso. La situación de Paula es difícil.

- Eso no nos impide ayudarla, ¿verdad?

- Podemos intentarlo. Escuchemos la opinión de Mesías.

Después de una larga conversación, el instructor finalmente accedió, no sin previo aviso:

- Creo que deberías esperar un poco más. Todo tiene su momento adecuado para suceder y, en el momento adecuado, seré el primero en animarlos. Por ahora, Sergiño debe continuar su preparación, cuidando a sus hermanos que están aquí con serios problemas.

Sergiño estaba a punto de hablar, cuando Mesías continuó:

- Por otro lado, si lo deseas tanto, creo que puede ser una experiencia enriquecedora. Especialmente porque irás con Lívia.

Sergiño sonrió y estrechó la mano del instructor:

- ¡Qué bueno! Muchas gracias Mesías.

- No me complaces a mí, sino a tu prima.

Sergiño abrazó a Lívia y dijo:

- ¡Ella realmente es un ángel!

- Solo tendré que retomar mis actividades por otras dos semanas, y solo así podremos regresar a la corteza.

- Está bien, esperaré ansiosamente.

Mesías invitó a Sergiño:

- Ven conmigo. Para prepararte mejor, quiero que leas algunos libros antes que Lívia regrese.

Sergiño se despidió de Lívia y siguió a Mesías hasta la enorme biblioteca, el instructor separó algunos libros psicográficos escritos por Francisco Cándido Xavier, dictados por André Luiz, y se los entregó al muchacho, recomendándole:

- Es mejor leer esto primero, *Acción y Reacción*. Después, *Entre la Tierra y el Cielo*, y finalmente *Liberación*. Luego cuando regreses, deberías estudiar toda la colección de este querido hermano. Aporta enseñanzas profundas e importantes.

- He leído algunos de sus libros.

- Sería bueno que los volvieras a leer. A medida que crece nuestra experiencia, también aumenta nuestra comprensión de ciertas obras de literatura espiritual y logramos mayor claridad sobre puntos que antes pasaban desapercibidos.

Sergiño le dio las gracias y dijo:

- Voy a empezar ahora mismo.

Capítulo 25

Nuevamente en la corteza

Sergiño se entregó a la lectura de las obras que Mesías le había recomendado. Mientras leía, surgieron muchas dudas; casi todos los días buscaba al instructor y comenzaba largas conversaciones que lo dilucidaron y ampliaron los conocimientos del aprendiz sobre cuestiones espirituales más complejas.

Habían pasado poco más de dos semanas y Sergiño no pudo contener su ansiedad. Trató de desviar el asombro hacia la lectura edificante y el trabajo asiduo de socorro que brindaba a los recién llegados de la corteza.

Esa mañana fue despertado por el Mesías antes de la hora habitual. Escuchó al instructor llamar y llamar:

- Sergiño, ¿ya estás despierto?

- Sí, lo estoy, un momento.

Al abrir la puerta, lo encontró extraño:

- ¿No es demasiado temprano, Mesías?

- Te necesitamos.

- Pareces aprensivo, ¿qué pasó?

- Estamos recibiendo un grupo numeroso que acabó en un accidente. Necesitamos ayuda.

En serio, Sergiño dijo:

- En dos minutos estaré listo. Solo haré mis oraciones.

- Excelente. Estaré esperando en la enfermería. Por favor, no te demores.

- Estaré allí en unos minutos.

Poco después, el muchacho entró en la gran enfermería, impactado por lo que vio: más de sesenta almas recién desencarnadas ocupaban varias camillas repartidas por la habitación. Las enfermeras se movían tranquilas, pero intensamente de un lado a otro, brindando cuidados sin parar, y gritos de dolor y agonía se escuchaban por todas partes. Sergiño se dirigió a una enfermera cercana:

- Dios mío... ¿qué pasó?

- Fue un accidente muy grave. Algunos pudieron ser traídos aquí, mientras que la mayoría ni siquiera está en condiciones para ser rescatado. ¿Viniste a colaborar?

- Sí, lo que necesites.

- Entonces ven. Ayuda con estas señoras.

Sergiño se acercó a dos señoras que lloraban mucho. Miró a la enfermera y le preguntó:

- ¿Qué tengo que hacer?

- Por ahora, háblales con cariño y trata de calmarlas. Mesías pronto te dará una nueva instrucción.

El día fue agotador. Al anochecer, algunas de las entidades reunidas ya estaban más tranquilas y muchas dormían tranquilamente. Otras todavía no pudieron recibir asistencia adecuada. Sergiño estaba muy cansado; se había entregado con desapego. Mesías se acercó y tocándole el hombro le sugirió:

- Creo que deberías descansar. Tu contribución fue valiosa. Ahora vete, descansa. Mañana estará Lívia y bajaremos a la corteza junto a Paula.

A pesar del cansancio, Sergiño sonrió ampliamente y se levantó emocionado:

- ¡Qué bueno! Vaya... Gracias, Mesías.

- No me agradezcas. Ve y relájate, porque necesitarás todas tus fuerzas en el viaje que emprenderemos.

Sergiño ya se iba, cuando se volvió hacia Mesías y preguntó:

- ¿Sabes cómo está Paula?

- No, Sergiño. Ni siquiera sabemos exactamente dónde está.

-¡¿No?!

-Tendremos que buscarla.

- ¿Entonces vendrás con nosotros?

- Sí, los acompañaré. Creo que de esta manera aprovecharemos mejor la oportunidad de ampliar tu aprendizaje.

Sergiño no sabía si alegrarse o preocuparse. Se fue repitiendo su agradecimiento:

- Vaya, gracias Mesías.

- Hasta mañana, Sergiño.

El joven apenas podía dormir. Pensó en Paula y recordó detalles de su vida juntos: cuándo y cómo se conocieron, el inicio de su relación, la banda que formaron juntos y, finalmente, los últimos días que habían pasado en la Tierra. Sintió un inmenso afecto por ella y se preguntó dónde estaba en ese momento.

A la mañana siguiente, cuando llegó Lívia, él estaba listo para esperarla:

- Hola Lívia.

-¿Cómo estás?

-Ansioso.

- Me imagino. ¿Realmente te sientes preparado?

- Más o menos. No quiero posponer este esfuerzo. Viste la situación de la familia. Quiero hacer todo lo que esté en mi poder para ayudarlos.

- Muy bien. Tus intenciones son legítimas y fraternales. Vamos, Mesías nos espera.

Sonriendo afectuosamente, comentó:

- Escuché que estudiaste diligentemente algunas obras de André Luiz.

- Sí, y quedé muy impresionado. Nunca había imaginado casos tan difíciles como los narrados por él, especialmente en *Acción y Reacción*. ¡Qué libro tan fuerte!

- Y será muy útil, especialmente de cara a este desafío que enfrentaremos.

Fueron en silencio al encuentro de Mesías, hasta que Sergiño volvió a expresar sus preocupaciones:

- ¿De verdad es tan grave la situación, Lívia?

- Creo que sí.

Vieron a Mesías, que traía a otros dos colaboradores. Juntos se prepararon con una breve lectura del Evangelio y oraciones, y finalmente emprendieron el camino.

Descendieron a una región más densa alrededor de la órbita terrestre, donde entre hermanos en extremo sufrimiento comenzaron la búsqueda de la antigua novia de Sergiño.

Notas adicionales e instrucciones de lectura.

1-DOÑA APARECIDA

Aparecida Conceição Ferreira nació a las 4 de la mañana del 19 de mayo de 1917, en la ciudad paulista de Igarapava. Criada por su abuelo y un tío, vendía dulces, verduras y frutas para ayudar a mantener la casa. A los 17 años se casó con Clarimundo Emidio Martins, con quien tuvo seis hijos. Tenía 36 años cuando se mudó con toda su familia a la ciudad de Nova Ponte, en Minas Gerais, donde enseñó en zonas rurales. Posteriormente se instaló en Uberaba y trabajó allí en diferentes tipos de actividades, ayudando al sustento de su familia.

Después de un período marcado por luchas y sufrimientos, fue invitada a trabajar como enfermera técnica en la Santa Casa de Misericordia, en la sala de aislamiento. Al principio se resistió mucho, pues fue testigo de pésimas condiciones en aquel departamento: casos graves de tuberculosis, tétanos, fiebre amarilla... Finalmente, como la oferta salarial era muy atractiva - recibiría casi 18 veces más que su marido, en tiempo -, acabó aceptando.

Habían pasado dos años y algunos meses cuando, tras cambiar la dirección del hospital, los nuevos directores decidieron enviar a casa a todos los pacientes con pénfigo foliáceo - comúnmente conocido como incendio salvaje -, que en ese momento se encontraban internados en el área de aislamiento. Sin recursos y sin ningún lugar a dónde ir, los enfermos lloraban desesperados. Aparecida intentó consolarlos, asegurándoles que sabrían solucionar el problema: harían una marcha y la gente no se negaría a ayudar. Al salir de Santa Casa de Uberaba, en compañía de los enfermos - eran doce -, buscó, pero no encontró refugio y luego los llevó a su propia casa.

Enfrentó cierta resistencia por parte de su familia, pero se mantuvo firme del lado de los pacientes. Recibió la solidaridad de sus vecinos y pudo, aunque de manera precaria, alojarlos en su casa. Unos días después, fue visitada por los directores de la Facultad de Medicina y Salud Pública, quienes al investigar las condiciones en las que se encontraban los pacientes las consideraron demasiado precarias. Luego encontraron un espacio en el Asilo de San Vicente de Paul - el área que servía como morgue -, y alojaron allí a los enfermos, acompañados por Aparecida, para que solo permanecieran diez días, después de los cuales se les proporcionaría una ubicación más adecuada. Se instalaron. No pasaron diez días, sino diez años.

Durante los diez años que permaneció en el Asilo San Vicente de Paul, Aparecida luchó duramente por sus pacientes, cuyo número crecía: pedía limosna en la vía pública de Uberaba y de São Paulo - donde, en el Viaduto do Cha, frente a la antigua Luz, recurrió a la caridad de los paulistas; una vez, incluso fue arrestada y pasó ocho días en la cárcel -; buscó los vehículos de comunicación y tuvo a su favor la intercesión de algunos periodistas, especialmente Moacir Jorge y Saulo Gomes - este último, a través de la extinta TV Tupi.

A partir de estos incansables esfuerzos, contando también con el apoyo irrestricto de Chico Xavier y de innumerables espíritas de Uberaba y São Paulo, terminó construyendo el complejo hospitalario destinado al tratamiento de la insidiosa enfermedad - que más tarde se convirtió en el Hospital del Pénfigo en el Hogar de la Caridad, nombre que aun conserva hasta hoy, que, en una época determinada, acogió a trescientas personas enfermas y desamparadas.

Actualmente, por el hospital pasan 1.200 pacientes al año, con 80 internos. La entidad recibe tanto pacientes de incendios salvaje como personas sin hogar, abandonadas por su familia o que simplemente no tienen dónde vivir. Allí también son enviadas las víctimas de violencia familiar, a cargo del Tribunal de la Infancia y el Menor.

Al situarse con amor y fe al lado de doce pacientes, Aparecida trazó el destino de miles de personas. La defensa de sus primeros protegidos se tradujo en la construcción de un hospital que ha atendido a varios centenares de pacientes, una escuela primaria y dos centros de acogida para niños. La dirección de la institución está actualmente a cargo de familiares de Aparecida, quien a los 91 años perdió la vista hace algún tiempo.

Esta mujer dedicó su vida a los portadores del fuego salvaje y el mensaje que ejemplificó a través de sus actitudes se puede traducir en estas palabras: *La fe debe demostrarse a través de un abrazo, un apretón de manos, una sonrisa y del envolvimiento. A veces la gente da dinero, pero tiene asco. Sin caridad no hay religión.*

Fuentes y más información:

Entrevista a Ismael Gobi, publicada en Folha Espírita - São Paulo, septiembre de 1999.

Material publicado en la web de la AME.

Una Vida de Amor y Caridad - Izabel Bueno, Ed. Fonte Viva. Directamente en el Hogar de la Caridad, Uberaba.

2- EL PASE

Este tipo de ayuda espiritual consiste simplemente en la imposición de manos, la cual fue utilizada y enseñada por Jesús, como se ve en los Evangelios. Así, el origen del pase espiritual se encuentra en las prácticas curativas del cristianismo primitivo.

Es una operación de buena voluntad, en la que el transmisor, apoyado por amigos espirituales que se dedican a tal servicio, se entrega en beneficio del receptor. El médium pasista debe ser un cosechador devoto y perseverante en el bien. La humildad, la fe sincera y la pureza de intención son requisitos indispensables para ello; por eso, debe tener siempre el Evangelio en el corazón y la oración en los labios. En cuanto al paciente, debe permanecer en una actitud de respeto y confianza y, sobre todo, ayudarse a sí mismo renovando su pensamiento.

Dado que consiste en el intercambio de energías de periespíritu a periespíritu, el pase corresponde a lo que representa la transfusión de sangre al sistema circulatorio. Y la transfusión dirigida de líquidos, la donación de energías físico-psíquicas puestas al alcance de personas con discapacidad, con el fin de reestimular sus centros vitales y, en consecuencia, ayudarles a recuperar el equilibrio o la salud.

A él se transmiten energías humanas, combinadas con emanaciones divinas que se encuentran en los reservorios de la naturaleza, actuando a favor de la recuperación de la armonía continuamente rota en el curso de las pruebas y expiaciones y de las más variadas enfermedades del alma o del cuerpo de los seres en evolución.

Fuentes y más información:

La obsesión, el pase, el adoctrinamiento - J. Herculano Pires - Ed. Paideia.

Pase y Pasista - Roque Jacintha, Ed. Culturesp.

ABC de la Mediumnidad (cap. 31) - Odilon Fernandes/Carlos A. Baccelli, Ed. Didier.

3 - LICANTROPÍA

Es el fenómeno por el cual espíritus pervertidos en el crimen actúan sobre antiguos compañeros, encarnados o desencarnados, haciéndoles asumir posiciones, actitudes y costumbres idénticas a las de ciertos animales.

Muy difundida en procesos expiatorios en los que los espíritus implicados caen en la esfera vibratoria de los brutos, supone el agravamiento del problema de la fascinación hasta el punto que en casos más extremos el paciente, bajo la intensa acción hipnótica de las entidades con las que permanece, sintonizado con las deudas del pasado, incluso toma la forma física de animales - licantropía de anomalías patológicas – modificación de la condición anatómica de quienes la padecen.

Para cerrar la cuestión, cabe destacar que el perseguido y el verdugo son objeto de igual afecto por parte de los bienhechores espirituales, como lo demuestran las palabras del asistente Aulo - en la obra de André Luiz citada a continuación:

Analizando el tiempo pasado - con el que todos nos conectamos - a través de recuerdos amargos, somos enfermos en asistencia recíproca. No sería lícito que pretendiéramos dictar sentencias definitivas contra nadie, porque en la situación en la que todavía nos encontramos todos tenemos cuentas mayores o menores para ser liquidadas.

Fuentes y más información:

Estudiando la Mediumnidad (cap. XXXV) - Martins Peralva, FEB.

En los dominios de la mediumnidad (cap. 23) - André Luiz/Francisco Cândido Xavier, FEB.

4 - OBSESIÓN

Es la acción por la cual los espíritus menos iluminados ejercen una influencia nociva sobre un individuo. Entre sus causas habituales se encuentran la venganza, el deseo del mal, el orgullo por los falsos conocimientos, la ligereza, las predilecciones religiosas y las pasiones.

Este acoso abarca un campo muy amplio, donde se observan distintos grados de conexiones entre el obsesor y el obsesionado. Abarca desde la simple obsesión, que es la acción ocasional de los espíritus sin expresión real del mal sobre los encarnados; hasta la posesión avanzada, en la que el obsesor queda magnetizado hacia una persona concreta, dominándola física y moralmente. En otras palabras, el fenómeno se presenta bajo diferentes caracteres, que van desde una influencia leve, sin signos externos perceptibles, hasta una alteración completa y persistente del organismo y de las facultades mentales.

De la misma manera que las enfermedades corporales resultan de imperfecciones físicas que lo hacen vulnerable a interferencias externas dañinas, la obsesión siempre resulta de una deficiencia moral, que da acceso a un espíritu perturbador. Los niveles de profundidad de los vínculos así establecidos dependen en gran medida de la elevación del dominante y del dominado.

Al tratarse de una enfermedad espiritual, el lugar más adecuado para atender los casos en los que se manifiesta la obsesión es el Centro Espírita. Es fundamental que, además de esta asistencia, el obsesado y sus familiares no permanezcan inactivos, pues muchas veces el espíritu persecutor ataca a la persona, portadora de la mediumnidad, para perjudicar a toda la familia. En el proceso de curación son valiosos instrumentos de ayuda: la oración, el estudio del Evangelio y el esfuerzo constante por vivir sus enseñanzas.

Fuentes y más información:

El Libro de los Espíritus (Libro Segundo, capítulo IX) - Allan Kardec, Ed. Lago.

La Génesis (Cap. XIV, ítems 45 y 46) -Allan Kardec, LAKE.

Pensamiento y Vida (cap. 27) - Emmanuel/Francisco Cândido Xavier, FEB.

Estudiando la Mediumnidad (cap. XI) - Martins Peralva, FEB.

Hablando de Mediumnidad (cap. VIII) - Cairbar Schutel/Abel Glaser, Ed. Clarim.

Mediumnidad sin Lágrimas (La Obsesión) - Eliseu Rigonatti, Ed. Pensamiento.

5 – MEDIUMNIDAD

Es la facultad humana y natural mediante la cual se establecen las relaciones entre los hombres y los espíritus. Es inherente a una disposición orgánica, de la que cualquier individuo puede estar dotado (como ver, oír, hablar), y que permite a quien lo posee servir de intermediario entre los espíritus ya desencarnados y los encarnados.

Cualquier persona que, en cualquier grado, experimente la influencia de los espíritus es, por este simple hecho, un médium. Y, como fue informado el propio Allan Kardec (LE, pregunta 459), los espíritus influyen en nuestros pensamientos y acciones más de lo que suponemos, porque muchas veces son ellos quienes nos dirigen. Por tanto, se puede decir que la mediumnidad es una aptitud general para servir de instrumento, más o menos dócil a los espíritus.

Sin embargo, si bien esta es una facultad común a todos los seres humanos, cada uno ejerce el libre albedrío a la hora de definir su postura interior en relación a ella. Por regla general, la persona que opta por el desarrollo y práctica regular de la mediumnidad cumple una tarea elegida en la Espiritualidad, antes de reencarnar, y por tanto se siente íntimamente feliz.

Cabe señalar que nadie es médium solo en un determinado momento del día o de la semana. De hecho, gracias al mecanismo de la intuición y la inspiración, consciente o inconscientemente siempre intercambiamos vibraciones mentales con personas encarnadas y desencarnadas, lo que trae reflejos positivos o negativos sobre nuestra vida material y espiritual.

De ahí la importancia de la educación mediúmnica, especialmente a través del estudio de las obras de Kardec y otras de reconocido valor doctrinario, combinada con la formación en el aspecto práctico de la mediumnidad. Y es fundamental que en ambos esté presente la honestidad de propósito y el compromiso con la propia renovación íntima, pues deben ocurrir en paralelo con la mejora del médium como persona.

Solo así podrá desempeñar la tarea que le ha sido encomendada, sintonizándose con los buenos espíritus y colaborando con ellos eficazmente en la difusión del bien y de la verdad.

Fuentes y más información:

El Libro de los Espíritus (Libro Segundo, capítulo IX) - Allan Kardec, LAKE.

El Libro de los Médiums (Segunda Parte, caps. XIV al XX)- Allan Kardec, LAGO.

Obras Póstumas (Primera Parte, punto 6) - Allan Kardec, LAKE.

Hablando de Mediumnidad (cap. III) - Cairbar Schutel/ Abel Glaser, Ed. Clarim.

El Consolador (Tercera Parte, capítulo V) - Emmanuel/Francisco Cândido Javier, FEBRERO.

ABC de la Mediumnidad - Odilon Fernandes/Carlos A. Baccelli, Ed. Didier.

6 - PRUEBAS Y EXPIACIONES

Los males y aflicciones que nos afectan son muchas veces expiaciones del pasado; es decir, hoy sufrimos las consecuencias de los errores que cometimos en una vida anterior. ¿Y qué nos enseña el Espiritismo, aclarando que, por la ley de la pluralidad de existencias, las diferentes encarnaciones son solidarias entre sí hasta que hayamos pagado la deuda de sus imperfecciones. Dios quiere el progreso de todas las criaturas y por eso no deja impune ninguna desviación: el hombre siempre es castigado en lo que ha pecado, por más leve que haya sido su infracción de la ley divina. Y el sufrimiento le advierte que lo estaba haciendo mal y le da motivos para mejorar.

Aunque no sea siempre o completamente castigado en su existencia presente, nunca escapa a las consecuencias de sus faltas: si no las expía hoy, las expiará mañana. Una justicia distributiva rigurosa hace sufrir al hombre lo que hizo sufrir a los demás.

Las tribulaciones que enfrenta el espíritu encarnado son al mismo tiempo expiación del pasado y pruebas del futuro. Por lo tanto, pueden imponerse a espíritus demasiado ignorantes para tomar una decisión consciente, pero son elegidas y aceptadas libremente por espíritus arrepentidos, deseosos de reparar el daño que han causado y tratar de actuar correctamente.

Por otro lado, el sufrimiento en este mundo no siempre es resultado de faltas pasadas. También hay, y son frecuentes, pruebas que el espíritu elige para acelerar su avance.

Por lo tanto, la expiación siempre sirve como prueba, pero la prueba no es necesariamente una expiación. Ambos; sin embargo, son signos de inferioridad relativa; solo el espíritu que ya ha completado su aprendizaje, purificándose de sus imperfecciones, está exento de atravesarlas.

Fuentes y más información:

La Génesis (cap. XV, ítem 15) -Allan Kardec, LAKE.

El Evangelio según el Espiritismo (cap. V) - Allan Kardec, LAKE.

El Cielo y el Infierno (cap. VII) -Allan Kardec, LAKE.

El Consolador (Segunda Parte, capítulo V) - Emmanuel/Francisco Cândido Xavier, FEB.

7-REENCARNACIÓN

Es el regreso del espíritu a la vida física, en otro cuerpo especialmente formado para él y que no tiene nada que ver con el anterior. Es necesario para que cada persona pueda realizar, con ayuda del elemento material, las tareas que Dios le encomienda como oportunidades para su avance intelectual y moral.

Cuando observamos los hechos de la vida terrena, con los contrastes y desigualdades de situaciones que presenta, y si a partir de tales efectos se buscan las causas, la idea de reencarnación aparece como una condición inherente a la humanidad misma, con la ley de la naturaleza. Solo ella puede decirle al hombre de dónde viene, a dónde va, por qué está en la Tierra y justificar las aparentes anomalías e injusticias que lo rodean.

Todos los espíritus tienden a la perfección, y Dios les da, con las pruebas de la encarnación, los medios para alcanzarla. Y en su absoluta justicia, no privilegia a nadie, permitiendo que cada uno viva muchas veces para redimir los errores que ha cometido y lograr lo que ha dejado de hacer.

Los espíritus se van purificando paulatinamente, a través de los pasajes de la vida en el cuerpo; es aquí donde pueden implementar los programas establecidos cuando, durante su pasantía en el mundo espiritual, se ha ampliado su percepción de sus necesidades evolutivas.

Mientras está desencarnado, el espíritu comprende el alcance de los compromisos morales que ha asumido y anhela resolverlos; observa las deformidades que el mal, el crimen y el vicio han causado en su cuerpo espiritual, y asegura que la única forma de curarlo es la reencarnación. También se informa que a través del mismo se promueve el aprendizaje y elevación, poco a poco fue capaz de conquistar horizontes más amplios.

En resumen, la reencarnación tiene como objetivo expiar los errores del pasado y la mejora continua de los individuos y de la humanidad. Con cada nueva existencia el espíritu da un paso en el camino del progreso, solo que ya no necesita la vida corporal después de despojarse de todas las impurezas.

Fuentes y más información:

El Evangelio según el Espiritismo (cap. IV) - Allan Kardec, LAKE.

El Libro de los Espíritus (Libro Segundo, capítulos II, IV y VII) - Allan Kardec, LAKE.

El Espiritismo Aplicado (Por qué el espíritu reencarna) - Eliseu Rigonatti, Ed. Pensamientos.

8 - FORMAS PENSAMIENTO

Todos y cada uno de los pensamientos emitidos por el hombre quedan grabados en la memoria vital del espíritu y en el éter cósmico. Así, las formas de pensamiento pueden definirse como concretizaciones de pensamientos en el campo espiritual.

Las criaturas viven siempre rodeadas del halo vital de las energías que les otorgan vibran en su interior, y este halo está formado por partículas de fuerza que irradian por todos lados, produciendo impresiones agradables o desagradables, dependiendo de la naturaleza del individuo que las irradia.

El pensamiento actúa como una onda sutil, a una velocidad mucho mayor que la de la luz, y cada mente es un generador de fuerza creativa. Dado que el bien es la expansión de la luz y el mal es la condensación de la sombra, nuestras actitudes ante la vida determinan el rango vibratorio a partir del cual construimos nuestro entorno.

Así, siempre que nos entregamos a la crueldad, nuestros pensamientos al pasar por lugares y criaturas, situaciones y cosas que afectan nuestra memoria, actuamos y reaccionamos sobre sí mismos, en un circuito cerrado, devolviéndonos a las sensaciones desagradables que se derivan del contacto con nuestras obras infelices. Somos invariablemente generadores de formas pensamiento que, de acuerdo con nuestras propias elecciones, pueden reproducir deseos impuros, recuerdos dolorosos, miedos, culpas, angustias, manteniéndonos en un clima íntimo oscuro, o representar sentimientos de alegría, respeto, solidaridad, buena voluntad y otras cosas que nos aseguren un campo interior sano.

Dentro de los principios de causa y efecto, nuestras creaciones mentales tienen una influencia fatal en nuestras vidas. Nos liberan cuando están arraigados en el bien y nos aprisionan cuando están arraigados en el mal.

Fuentes y más información:

Periespíritu, 2da. Edición revisada y ampliada, Zalmino Zimmermann, página 218.

En los dominios de la mediumnidad (cap. 16) - André Luiz/Francisco Cândido Xavier, FEB.

Acción y reacción (cap. 5) - André Luiz/Francisco Cândido Xavier, FEB.

9 - EL CENTRO ESPÍRITA

El Centro Espírita es una asociación que tiene importancia fundamental para el desarrollo seguro de la Doctrina y las prácticas espíritas. Sus funciones y finalidades se pueden definir de la siguiente manera:

- el estudio y la difusión de las enseñanzas de Jesús, plasmadas en su Evangelio y explicadas a la luz del Espiritismo;
- el estudio y la práctica del Espiritismo, que es una Doctrina basada en las nociones de la inmortalidad del alma y la reencarnación de los espíritus;
- la difusión de las enseñanzas espirituales y la orientación de los interesados según los preceptos doctrinarios;
- servicio de asistencia a los espíritus que sufren – adoctrinamiento -, y a las personas perturbadas, así como la práctica de la caridad espiritual mediante pases, agua fluida y oración;
- el desarrollo de la fraternidad universal mediante la extinción de los prejuicios de raza, color, religión y clase social y cualquier otra barrera que separen a la familia humana y la hagan infeliz;
- el desarrollo del sentido de responsabilidad de cada individuo, demostrando que, a través del libre albedrío, cada persona es responsable de su propia conducta, siendo tarde o temprano afectada por las consecuencias de sus acciones.

Fuentes y más información:

Mediumnidad sin Lágrimas (Los centros espirituales) - Eliseu Rigonatti, Ed. Pensamento.

El Centro Espírita (cap. I) - J. Herculano Pires - LAGO.

10 – ADOCTRINAMIENTO

El adoctrinamiento es la técnica de eliminar los espíritus obsesivos mediante la clarificación doctrinaria. Fue creado por

Allan Kardec, para sustituir las viejas y bárbaras prácticas de exorcismo, y desde entonces se utiliza en sesiones de desobsesión, como forma persuasiva de iluminar no solo al obsesor sino también al obsesionado, ya que ambos necesitan la luz del Evangelio para superar sus problemas, conflictos pasados.

La tarea de adoctrinamiento de los espíritus perturbados, por parte de una persona encarnada, es siempre útil entre los más nobles en el ejercicio de la mediumnidad. Y es a través de ella que se prestan primeros auxilios a los espíritus que sufren en el servicio de enfermería espiritual. Tales espíritus necesitan, ante todo, que alguien los escuche con paciencia y tolerancia, y así debe actuar el adoctrinador, esperando el momento oportuno para intercalar en el momento oportuno pensamientos evangélicos.

Adoctrinar es evangelizar y, por tanto, el adoctrinador es por excelencia el medio de la palabra del Evangelio, lo que también es un ser falible, y consciente de tus imperfecciones, no debe impedirte realizar tu trabajo; Si tiene buenas intenciones legítimas y una fe inquebrantable, será respetado por el digno esfuerzo con el que desempeña su función.

Fuentes y más información:

La obsesión, el pase, el adoctrinamiento - J. Herculano Pires - Ed. Paideia.

ABC de la Mediumnidad (Adoctrinamiento) - Odilon Fernandes/Carlos A. Baccelli, Ed. Didier.

Diálogo con las Sombras (El Adoctrinador) – Hermínio C. Miranda, FEB.

11 - AGUA FLUIDIFICADA

La magnetización del agua es una providencia tan antigua como la propia cultura humana. Por ser una de las sustancias más simples y receptivas de la Tierra, es como la base pura sobre la cual la medicina del Cielo puede ser impresa, a través de recursos sustanciales para ayudar al cuerpo y al alma, en un proceso invisible a nuestros ojos. Excelente conductor de energía electromagnética, absorbe los fluidos proyectados sobre ella, los conserva y los transmite al organismo enfermo, cuando se ingiere, y puede actuar para reequilibrar el metabolismo desequilibrado.

El agua fluidificada o magnetizada tiene un valor terapéutico especial debido a que puede servir como vehículo de los fluidos necesarios para tratar a cada paciente.

Para la fluidificación, el pasista simplemente necesita colocar el agua en un lugar de la cámara de pases, y los mentores espirituales imprimirán en ella combinaciones variadas, utilizando los recursos del propio médium, del entorno y de la naturaleza vegetal y fluidica.

Preferiblemente se debe beber agua fluidificada, de modo que en contacto directo con el organismo provoque reacciones esenciales para el reequilibrio al que está destinada. Pero también se puede aplicar, como parte de la fluidoterapia, en lesiones expuestas o puntos externos del cuerpo.

Fuentes y más información:

Pases y Radiaciones (cap. 30) - Edgard Armond, Ed. Aliança.

Pase y Pasista (cap. 28) - Roque Jacintha, Ed. Culturesp.

12 - NATURALEZA ESPIRITUAL DEL HOMBRE

El hombre se compone de tres partes esenciales:

- el cuerpo o ser material, similar al de los animales y animado por el mismo principio vital;
- el alma o ser inmaterial, un espíritu encarnado que tiene su hogar en el cuerpo;
- el periespíritu, principio intermedio entre la materia y el espíritu.

El espíritu es el ser individual que preexiste y sobrevive al cuerpo. se recubre temporalmente esa envoltura material perecedera, cuya destrucción por la muerte le devuelve la libertad. Y el periespíritu es la sustancia semi material que sirve como primera cubierta para el espíritu y lo conecta con el cuerpo. Cuando uno deja la vestidura más basta que es el cuerpo físico, el espíritu se lleva consigo el periespíritu es para él un cuerpo etéreo.

El espíritu, por tanto, no es un ser abstracto, solo concebido por el pensamiento; es un ser real, definido, que tuvo su individualidad antes de encarnar y que al salir del cuerpo, donde ya no hay vida, la conserva y regresa al mundo de los espíritus, para volver a la vida material en un nuevo cuerpo después de un tiempo más o menos largo.

Es necesario que el espíritu pase por muchas encarnaciones para vencer las malas pasiones, progresar y elevarse moralmente; sin embargo, la existencia en la Tierra nunca es retrógrada, y la velocidad con la que se produce el progreso depende del esfuerzo que cada individuo haga por superarse.

Fuentes y más información:

El Libro de los Espíritus (Introducción, inciso VI, y Libro Segundo, capítulo II, incisos I y II) - Allan Kardec, LAKE.

¿Qué es el Espiritismo? (ítem 116) -Allan Kardec, LAKE.

13 - CONTACTO CON LOS SERES QUERIDOS DURANTE EL SUEÑO

A través del sueño el alma se libera parcialmente del cuerpo. Cuando duerme, el hombre se encuentra durante algún tiempo en el estado en el que permaneció permanentemente después de su muerte.

Gracias al sueño del cuerpo, el espíritu encarnado está siempre en relación con el mundo de los espíritus. Durante estos períodos, recupera un poco de su libertad y se comunica con sus seres queridos, ya sea que se encuentren en la vida material o desencarnada.

Sin embargo, como el cuerpo está hecho de materia pesada y tosca, rara vez conserva las impresiones registradas entonces por el espíritu - incluso porque los órganos del cuerpo no participaron en este episodio. En cuanto al sueño, es el recuerdo más o menos vago de estos momentos de emancipación relativo al alma, en el que a menudo se mezclan fragmentos de temas y preocupaciones de la vida cotidiana del espíritu encarnado.

Las personas que se conocen pueden visitarse y hablar entre sí durante el sueño, y esos contactos a menudo dan lugar a ideas que resurgen espontáneamente en el estado de vigilia, sin poder explicarlas.

Los vínculos de amistad, establecidos en el presente o en existencias anteriores, pueden muchas veces promover encuentros de espíritus encarnados, que se sienten felices con estos encuentros y reciben de ellos buena inspiración.

Fuentes y más información:

El Libro de los Espíritus (Libro Segundo, capítulo VIII, incisos I y II) - Allan Kardec, LAKE.

14 - EL UMBRAL

El nombre Umbral nos lo trajo André Luiz para designar las zonas oscuras del plano espiritual cercanas a la corteza terrestre, donde habitan entidades sumidas en la ignorancia, dominadas por tendencias malignas y sentimientos mezquinos. Hay en ella mezclas de sombra y luz, pues existen dos tipos de región umbralina: una en la que se encuentran colectividades espirituales de bajo estándar vibratorio, con emisión constante de fluidos negativos; y otro luminoso, en el que se ubican Colonias, Puestos de Socorro y centros de trabajo de la espiritualidad superior.

En todas las capas alrededor de la Tierra hay Colonias espirituales, y cuanto más alto se asciende, menor es el número de criaturas perturbadas o perversas y, naturalmente, concentraciones de zonas oscuras.

El mundo umbralino no tiene división geográfica, como en cualquier ambiente donde hay una reunión de seres espirituales inferiores y hay oscuridad en consecuencia, ¡Umbral!

Veamos, al respecto, las explicaciones contenidas en *"Nuestro Hogar"*:

Es una zona oscura de cuantos en el mundo no se han resuelto a cruzar las puertas de los deberes sagrados, para poder cumplirlos, demorándose en el valle de la indecisión o en el pantano de numerosos errores.

Al reencarnar, el espíritu promete cumplir el programa previamente trazado para esta nueva etapa; sin embargo, como recapitula experiencias terrenales, le resulta muy difícil hacerlo y vuelve a buscar solo lo que le satisface: el egoísmo. De esta manera mantienen el mismo odio hacia adversarios y la misma pasión por los amigos. Es con propósitos tan distorsionados que se forman todas las multitudes de espíritus desequilibrados que permanecen en las regiones brumosas adyacentes a los fluidos carnales.

Y añade una aclaración espiritual:

El Umbral funciona, por tanto, como una región destinada al agotamiento de los desperdicios mentales; una especie de zona purgatorial, donde el material deteriorado de las ilusiones que la criatura adquirió al por mayor, menospreciando la sublime oportunidad de una existencia terrena.

Fuentes y más información:

Nuestro Hogar (cap. 12) -André Luiz/Francisco Cândido Xavier, FEB.

Hablando de Mediumnidad (cap. VII) - Cairbar Schutel/Abel Glaser, Ed.0 Clarim.

HOGAR DE LA CARIDAD - HOSPITAL DEL INCENDIO SALVAJE

El Hogar de la Caridad es una institución sin fines de lucro, ubicada en el barrio de Abadia, ciudad de Uberaba, Minas Gerais. Fue fundado por Doña Aparecida Conceição Ferreira, el 30 de agosto de 1957, con el objetivo de brindar atención gratuita a personas con pénfigo foliáceo. Además de este servicio, brinda albergue a niños y adolescentes en situación de riesgo social, algunos con discapacidad, adultos y adultos mayores. El propósito de la obra también incluye promover la superación moral, intelectual, física y social de las personas atendidas, con especial atención al Evangelio y tomando como norma los principios del cristianismo.

El pénfigo, comúnmente conocido como incendio salvaje, es una dermatosis ampollosa de origen desconocido que afecta de forma variable el estado general; es curable y el tratamiento se realiza con corticoides. Se caracteriza por la aparición de ampollas - que se convierten en heridas -, con un olor característico. No es contagiosa; sin embargo, el tratamiento es lento y puede tardar hasta diez años.

Para satisfacer las necesidades de quienes buscan la institución, el Hogar de la Caridad cuenta con una amplia estructura: ambulatorio, Hospital, farmacia, atención odontológica, atención psicológica, escuela primaria. Licenciatura, albergue para niños y adolescentes en situación de riesgo y diversos cursos de profesionalización. Además, la institución brinda un servicio fundamental de apoyo espiritual y distribución de desayunos, sopas, canastas básicas y canastillas para recién nacidos, atendiendo a personas necesitadas de la periferia de la ciudad.

Los recursos para mantener todas estas actividades provienen de donaciones recibidas de corazones generosos en todo Brasil, el monto recaudado solo cubre las necesidades de mantenimiento. A pesar de las dificultades, la institución ha logrado superar cada uno de sus desafíos con la ayuda de toda la población brasileña, que responde a los llamados, dentro de las posibilidades de cada uno y, siguiendo los preceptos de Jesús: *"Amaos unos a otros, a los demás, como yo te he amado."*

Para nosotros tu ayuda es fundamental. Cualquier forma de colaboración te convierte en socio de nuestra institución. Ven a ser parte de esta familia. Sé socio del Hogar de la Caridad:

Calle Joao Alfredo, núm. 437 - Abadía - Uberaba - MG. Teléfono: (34) 3318 -2900

correo electrónico: faleselvagem@terra.com.br

Donaciones: Banco do Brasil - Agencia 3278-6 - c/c 3724-9

Grandes Éxitos de Zibia Gasparetto

Con más de 20 millones de títulos vendidos, la autora ha contribuido para el fortalecimiento de la literatura espiritualista en el mercado editorial y para la popularización de la espiritualidad. Conozca más éxitos de la escritora.

Romances Dictados por el Espíritu Lucius

La Fuerza de la Vida

La Verdad de cada uno

La vida sabe lo que hace

Ella confió en la vida

Entre el Amor y la Guerra

Esmeralda

Espinas del Tiempo

Lazos Eternos

Nada es por Casualidad

Nadie es de Nadie

El Abogado de Dios

El Mañana a Dios pertenece

El Amor Venció

Encuentro Inesperado

Al borde del destino

El Astuto

El Morro de las Ilusiones

¿Dónde está Teresa?

Por las puertas del Corazón

Cuando la Vida escoge

Cuando llega la Hora

Cuando es necesario volver

Abriéndose para la Vida

Sin miedo de vivir
Solo el amor lo consigue
Todos Somos Inocentes
Todo tiene su precio
Todo valió la pena
Un amor de verdad
Venciendo el pasado

<u>Otros éxitos de Andrés Luiz Ruiz y Lucius</u>

Trilogía El Amor Jamás te Olvida
La Fuerza de la Bondad
Bajo las Manos de la Misericordia
Despidiéndose de la Tierra
Al Final de la Última Hora
Esculpiendo su Destino
Hay Flores sobre las Piedras
Los Peñascos son de Arena

Otros éxitos de Gilvanize Balbino Pereira

Linternas del Tiempo

Los Ángeles de Jade

El Horizonte de las Alondras

Cetros Partidos

Lágrimas del Sol

Salmos de Redención

El Hombre que había vivido demasiado

Libros de Eliana Machado Coelho y Schellida

Corazones sin Destino

El Brillo de la Verdad

El Derecho de Ser Feliz

El Retorno

En el Silencio de las Pasiones

Fuerza para Recomenzar

La Certeza de la Victoria

La Conquista de la Paz

Lecciones que la Vida Ofrece

Más Fuerte que Nunca

Sin Reglas para Amar

Un Diario en el Tiempo

Un Motivo para Vivir

¡Eliana Machado Coelho y Schellida, Romances que cautivan, enseñan, conmueven y pueden cambiar tu vida!

Romances de Arandi Gomes Texeira y el Conde J.W. Rochester

El Condado de Lancaster

El Poder del Amor

El Proceso

La Pulsera de Cleopatra

La Reencarnación de una Reina

Ustedes son dioses

Libros de Marcelo Cezar y Marco Aurelio

El Amor es para los Fuertes

La Última Oportunidad

Nada es como Parece

Para Siempre Conmigo

Solo Dios lo Sabe

Tú haces el Mañana

Un Soplo de Ternura

Libros de Vera Kryzhanovskaia y JW Rochester

La Venganza del Judío

La Monja de los Casamientos

La Hija del Hechicero

La Flor del Pantano

La Ira Divina

La Leyenda del Castillo de Montignoso

La Muerte del Planeta

La Noche de San Bartolomé

La Venganza del Judío

Bienaventurados los pobres de espíritu

Cobra Capela

Dolores

Trilogía del Reino de las Sombras

De los Cielos a la Tierra

Episodios de la Vida de Tiberius

Hechizo Infernal

Herculanum

En la Frontera

Naema, la Bruja

En el Castillo de Escocia (Trilogía 2)

Nueva Era

El Elixir de la larga vida

El Faraón Mernephtah

Los Legisladores

Los Magos

El Terrible Fantasma

El Paraíso sin Adán
Romance de una Reina
Luminarias Checas
Narraciones Ocultas
La Monja de los Casamientos

Libros de Elisa Masselli
Siempre existe una razón
Nada queda sin respuesta
La vida está hecha de decisiones
La Misión de cada uno
Es necesario algo más
El Pasado no importa
El Destino en sus manos
Dios estaba con él
Cuando el pasado no pasa
Apenas comenzando

Libros de Vera Lúcia Marinzeck de Carvalho y Patricia

Violetas en la Ventana
Viviendo en el Mundo de los Espíritus
La Casa del Escritor
El Vuelo de la Gaviota

Vera Lúcia Marinzeck de Carvalho y Antonio Carlos

Amad a los Enemigos
Esclavo Bernardino
la Roca de los Amantes
Rosa, la tercera víctima fatal
Cautivos y Libertos
Deficiente Mental
Aquellos que Aman
Cabocla
El Ateo
El Difícil camino de las drogas
En Misión de Socorro
La Casa del Acantilado
La Gruta de las Orquídeas
La Última Cena
Morí, ¿y ahora?
Las Flores de María
Nuevamente Juntos

Libros de Mônica de Castro y Leonel

A Pesar de Todo

Con el Amor no se Juega

De Frente con la Verdad

De Todo mi Ser

Deseo

El Precio de Ser Diferente

Gemelas

Giselle, La Amante del Inquisidor

Greta

Hasta que la Vida los Separe

Impulsos del Corazón

Jurema de la Selva

La Actriz

La Fuerza del Destino

Recuerdos que el Viento Trae

Secretos del Alma

Sintiendo en la Propia Piel

World Spiritist Institute

www.ingramcontent.com/pod-product-compliance
Lightning Source LLC
LaVergne TN
LVHW041808060526
838201LV00046B/1175